L'HOMME QUE JE SUIS

VINCENT M^C DOOM

L'HOMME QUE JE SUIS

Avec la collaboration de
Judith Carraz

Michel LAFON

7-13, boulevard Paul-Émile Victor - Île de la Jatte
92521 Neuilly-sur-Seine Cedex

Je dédie ce livre à ma grand-mère, Mama Fa,
à mon frère Donovan,
à ma mère,
à mon ami Pascal Olmeta,
dont le franc-parler dans « La Ferme Célébrités »
a fait évoluer les mentalités,
et à tous les enfants abusés du monde entier.

SAINTE-LUCIE, PRIEZ POUR NOUS...

Saint Lucia, Sainte-Lucie... Vue de l'extérieur, on lui donnerait le Bon Dieu sans confession. *Sea, sex and sun* ; *sea, sun and sex*... Paradis pour les touristes venus du monde entier, enfer pour tous ceux et toutes celles, enfants, adolescents fragilisés et sans repères, proies innocentes qui continuent, malgré elles, à subir la loi du silence. Sainte-Lucie, perle noire des Caraïbes anglophones, oasis de lumière où faune et flore flirtent avec le soleil, un soleil chaud, si chaud, et parfois si abrutissant qu'il conduit à toutes les faiblesses, toutes les lâchetés.

Située dans les Îles-du-Vent, Sainte-Lucie, lieu de tous mes tourments mais aussi lieu de ma renaissance, deuxième île de l'archipel par la taille, quarante-trois kilomètres de long, vingt-trois de large, deux aéroports, compte cent cinquante mille habitants, principalement des Noirs. Nous sommes à trois heures de vol de Miami, quatre de New York, cinq de Toronto. Plages de sable fin bordées de palmiers, forêt tropicale riche de mille orchidées, cascades naturelles, villages oubliés par le temps, vallées d'un vert intense et plages isolées tempérées par la fraîcheur des alizés : « Sainte-Lucie a tout ce que vous attendez des Antilles », vous expliqueront les agences de voyages... *Sea, sun and sex*... Chaque jour, deux ou trois énormes bateaux déversent des Américains, des Anglais, des Allemands ou des Français qui viennent passer la journée, assister au festival de jazz – l'un des plus grands du monde – ou simplement se balader au gré des chemins tapissés d'hibiscus, de fougères géantes et de fleurs tropicales multicolores. Sur la côte ouest de l'île, à Soufrière, de très anciens cônes volcaniques boisés, Gros-Piton et Petit-Piton, émergent fièrement de l'océan, offrant aux yeux du monde leur gémellité. Panorama unique, balayé le soir par l'éclat or et gris des flots ambrés qui viennent lécher leurs flancs.

Je suis né dans cette carte postale.

Mais je n'ai pas eu droit à la vue sur mer. Mon nom, Doomed (en français, « marqué par le destin ») m'avait-il, dès le départ, réservé le côté verso, celui où tous les maux restent à décrire ? Peu de temps avant d'entrer dans « La Ferme Célébrités », j'ai voulu renouer avec mes *« yesterdays »*. Dieu sait si pourtant je suis résolument tourné vers mes *« tomorrows »*, mais je souhaitais déchirer le voile et retourner dans cette carte postale comme on pousse la porte d'une sublime boutique, fier de cette voix nouvelle que j'ai acquise en payant le prix fort, le prix de mon sang, de mes larmes d'enfant, de mon ignorance bafouée. Aller enfin de l'autre côté du décor, profiter de ma famille et de mes amis me semblait être un pas de plus vers la sérénité à laquelle j'aspire aujourd'hui plus que jamais. Nathalie, ma confidente, et Donovan, mon petit frère, témoin terrifié du drame qui nous a unis à tout jamais, m'accompagnaient dans ce pèlerinage dont je ne savais à l'avance s'il serait émouvant ou intolérable...

*
* *

Certaines choses, certains lieux, restent immuables. Pour le meilleur comme pour le pire. C'est ce que j'ai découvert à ma descente d'avion.

Je récupère mes valises pleines à craquer de chaussures, de jeans, de tops, de toute cette panoplie du Vincent *fashion*, « cintre sur talons aiguilles », dont on a peut-être un peu trop parlé, sans penser qu'avant les paillettes, bien avant, il y a eu une histoire, simple et douloureuse, unique parce que mienne, mais tristement « banale » dans les faits quand on lit la une des journaux...

Je n'ai pas oublié d'emporter mon porte-bonheur, coussin d'enfant, sorte de « doudou » fabriqué autrefois par ma grand-mère, couturière-née. Où que j'aille, j'ai le besoin vital de m'endormir avec lui, tout contre lui, de poser ma joue contre le tissu fleuri usé par le temps, et de humer le parfum aigre-doux de l'absence.

On s'engouffre dans un taxi, le paysage défile... Les champs de cocotiers, de manguiers, de papayers, et les bananiers munis de leur préservatif : un petit sac plastique bleu sert à les protéger du soleil et des insectes ! S'ils pouvaient parler aux Saint-Luciens, ces arbres leur diraient sûrement : « Sortez couverts ! » Seulement, dans les Caraïbes, non seulement on ne se protège pas, mais on fait pire : on ne protège pas l'autre...

Quelques kilomètres encore, entre ciel nuageux et mer bleu acier, jusqu'à Castries, la capitale, et nous y voilà. Dans les rues moites, du monde se presse. On me reconnaît, on m'apostrophe :

– Vincent, tu es revenu ! Alors, ça va ?

On chuchote, on se retourne sur notre passage. Je reconnais des visages, j'embrasse des joues mouillées d'émotion. Comme d'habitude, j'avance à grandes enjambées, les rues sont pour moi autant de podiums pour y défiler selon mon humeur et les habits du jour. Il n'y a dans cette attitude aucune provocation, aucun signe ostentatoire, aucun jeu, je veux être moi, c'est tout. Et comme d'habitude – machisme des îles oblige – des hommes, jamais des femmes, me dévisagent avec mépris ; ils pèsent le pour mais surtout le contre et me rejettent, encore et toujours.

– Marche normalement, ordonnait ma grand-mère, jadis.

Et moi de répliquer, en toute naïveté :

– Mais je marche normalement !

Un reggae nasillard s'échappe de plusieurs bicoques aux couleurs très kitsch qui font office de restos. Qu'importe si je dérange, la rue m'appartient. Je suis heureux et fier d'être là, de retour sur cette terre volcanique chère à mon cœur, en dépit des souffrances passées. Des petites filles, impeccables dans l'uniforme local des écolières – robe-tablier bleu outremer et chemise à manches courtes bleu ciel –, macarons tressés avec soin et sourires en bandoulière, me lancent un regard admiratif.

– Bonjour, Vincent, c'est bien que tu sois là !

Je les embrasse. Les garçons, très classe, en bleu eux aussi, se tiennent en retrait, un sourire timide au coin des lèvres. Tant de candeur me bouleverse. Cette absence totale de défiance envers autrui ou plutôt cette résignation en sommeil me donne le vertige et me ramène inexorablement à mon passé d'enfant meurtri. Ces grands yeux noirs, humides, qui me fixent, dissimulent-ils l'inavouable, l'inacceptable ? Savent-ils que contrairement à ce qu'on leur inculque le silence n'est pas d'or mais de sang ? Je me pose alors *la* question : ont-ils déjà été ou sont-ils abusés sexuellement ? Car ils sont nombreux à servir d'exutoire aux pulsions de ceux qui ont prise sur eux. Donc à devoir se taire... Et si oui : qui, où, quand, comment ? Père, beau-père, frère, oncle, notable ou politicien ?

Mon cœur s'emballe. Je me souviens... J'ai leur âge, six-sept ans maximum. Moi aussi j'ignore la signification de mots comme viol, inceste, ou agression sexuelle. J'ai de jolis habits pour aller à l'école. Je sens bon le talc que ma grand-mère nous applique, à moi ainsi qu'à mes cousins et cousines, pour neutraliser la transpiration. Rien ne peut m'arriver puisque j'ai dit mes prières et que je me suis confessé. Dieu est grand, Dieu est miséricordieux. *Saint Lucia, pray for my soul.* Un homme

« bien » vient d'entrer dans la famille... Il va épouser ma tante Kate. Titie Kate... *Embarquement immédiat porte E, E comme enfer.* Je n'avais pourtant pris aucun billet pour ce voyage-là. De nouvelles lois environnementales protègent les riches ressources naturelles de Sainte-Lucie, mais qui fait quoi pour protéger les *riches ressources naturelles de l'être humain* ?

Je déambule sur *Main Street* (la rue principale) dans un état bizarre de flottement intérieur. Tout me semble proche et pourtant si lointain... Mentalement, je récapitule : prochaine rue à droite, l'école ; deuxième à gauche, l'église – le plus beau bâtiment de la ville, le plus riche, le mieux entretenu ; plus loin le marché, j'aperçois déjà les parasols multicolores qui protègent les étals du soleil de plomb de ce début d'après-midi. Ah oui, et là-bas, c'est le *dance hall.* Diana Ross, Donna Summer & Co... J'y ai dansé, jusqu'à l'aube, malgré mes blessures, mon corps et mon âme souillés. Tiens, la boutique de Miss Steeve n'existe plus... Un peu partout, des ébauches de constructions qui verront ou non le jour. À Sainte-Lucie, c'est comme ça, rien n'est achevé, tout est « en devenir ». C'est plus fort que moi, je m'exclame à chaque pas :

– Nathalie, regarde ! Là ! Et là... *You know*... Tu sais Nat...

Nathalie me sourit, amusée. Elle a l'habitude de mes phrases inachevées, de cette manie que j'ai de passer sans cesse du français à l'anglais sans raison apparente. Elle connaît mes enthousiasmes enfantins et, à l'inverse, mes coulées à pic dans la détresse la plus totale. Elle m'accepte tel que je suis, et surtout elle me comprend sans jamais me juger.

– Nathalie, et si on faisait un détour par le marché ?

Sans attendre sa réponse, je fonce droit devant moi, comme chaque fois que j'ai besoin de m'étourdir, de balayer une pensée trop lourde à porter. Madras, foulards, vannerie, objets taillés dans de la noix de coco, figurines de bois habillées de sable, épices et paréos... c'est ici, au milieu de ce joyeux méli-mélo d'artisanat et non chez un célèbre créateur que j'ai acheté mon panier rouge à motif ananas, objet devenu presque mythique depuis mon entrée dans « La Ferme » ! Parmi mes nombreux projets, j'ai celui de commercialiser un panier de ce genre. Cela rapportera de l'argent. Or pour créer la structure dont je rêve, un espace réservé aux enfants en détresse, il faut de l'argent, beaucoup d'argent. Heureusement, les idées ne manquent pas.

Ce jour-là, j'achète des cadeaux pour mes amis parisiens et ma famille. Je tombe en arrêt devant une casquette de rasta avec des dreadlocks cousues de chaque côté. Je l'essaie.

– C'est pas mal... Qu'est-ce que tu en penses, Nat ?

Nat sourit. Elle sourit et tout devient soudain plus simple.

Si je veux remonter le temps, il nous faut quitter la capitale pour rejoindre Canaries, sur la côte ouest, là où m'a « récupéré » ma grand-mère paternelle, après une naissance plutôt chaotique que j'élude, au cours du trajet en voiture, de quelques larmes ravalées.

Canaries... Voici la colline, épuisante quand on la grimpe à pied, l'épicerie, la rue principale, l'école de mes premiers affronts. Puis, au détour d'une allée aux murs peints de fresques naïves, je *la* vois. *The tiny, little house*, la petite maison en bois bleu, coiffée de tuiles ocre rouge, où j'ai grandi. Ce que j'aperçois en premier, c'est le linge, beaucoup de linge blanc, immaculé, suspendu à une corde sur le balcon. On accède à la bicoque par un chemin dallé où poules et coqs se baladent en liberté. Je note tout de suite que le balcon est désert ; personne n'occupe, dans le coin le plus dégagé, la « tribune présidentielle ». C'est ainsi qu'on appelait la place réservée à ma grand-mère, Elrifa Elcock, surnommée depuis toujours Mama Fa. Assise sur une chaise, le regard à l'affût, elle observait la comédie humaine et distribuait mentalement des notes. Il y avait ceux qui étaient dans le droit chemin, et les autres... Cris et chuchotements, rumeurs et scandales, rien ne pouvait lui échapper. Elle savait même ce qu'elle ne savait pas.

Cinq marches, on entre. Les rires fusent, les langues se délient, enfin... dans la mesure de ce qui est convenu et convenable. Tout ira bien si l'on ne parle ni de sexe ni de religion ni de politique, autant de sujets tabous, gravés dans le marbre de l'hypocrisie sociale. Frères et sœurs, oncles et tantes, cousins et cousines, tout le monde est là. Ça sent le beignet frit et la légèreté retrouvée. J'espère que du haut de son « ailleurs », Mama Fa nous donne sa bénédiction. Et si je n'ai pas tout à fait suivi le chemin qu'elle m'avait tracé, je sais aujourd'hui que sa dureté à mon égard était à la hauteur de l'amour qu'elle me portait, un amour immense, chargé de non-dits et d'aveux frileux, mais immense, oui.

Moi qui oublie souvent de manger, j'ai faim. J'ai faim de beignets, mais j'ai surtout faim d'amour et de tendresse. Embrasser tout le monde prend du temps. Petits et grands sont serrés comme des sardines dans la minuscule entrée qui sert à la fois de chambre, de cuisine et de « salle de bains ». Les fils électriques sont apparents, il n'y a toujours pas d'eau courante. Des matelas, posés à même le sol, indiquent que la famille continue à dormir par terre, comme avant. Le tour du propriétaire est vite fait. Je me fraye un passage jusqu'à la pièce principale, la chambre de ma grand-mère, cette pièce dont l'accès nous était presque toujours interdit. Pourquoi ? Parce que. Parce qu'un enfant à Sainte-Lucie n'a pas de droits, si ce n'est celui de se taire. C'est ainsi qu'il grandit, avec la « culture peur » chevillée au corps. Un corps qui n'aura sans doute pas le temps d'avoir le temps de s'épanouir, un corps vieux avant l'âge. Un enfant à Sainte-Lucie n'est pas un enfant en France. Un enfant à Sainte-Lucie devient un objet de consommation envisageable dès sa naissance. À peine est-il arrivé sur Terre que son nom est déjà inscrit sur la carte du *« room service »* du sexe. Livraison à toute heure, sans frais – ce sexe-là est gratuit pour la famille et les « amis », acheté quelques dollars par les autres, sept jours sur sept, trois cent soixante-cinq jours sur trois cent soixante-cinq. Ni vu, ni connu. Une jouissance volée à l'arraché, sans peine encourue. C'est normal. C'est même si naturel que « ça » ne fera même pas l'objet d'une confession à l'église. Atroce paradoxe que ce culte voué à Dieu, par ici, et le non-respect total de Sa parole.

J'arrive devant la porte de la chambre interdite et soudain l'émotion m'envahit. J'ai l'impression de pénétrer dans un sanctuaire. Si les peintures ont été rafraîchies selon leur couleur d'origine – jaune pâle pour les murs et rouge sombre pour l'embrasure de la porte –, le mobilier n'a pas été déplacé d'un centimètre. Tout est parfaitement raccord. Sur la coiffeuse en bois, les flacons de parfum sont alignés avec soin. Ne manque au tableau que le fantôme de ma grand-mère venant mettre une touche finale à sa coiffure. À Sainte-Lucie, les femmes sont coquettes. Bon nombre d'entre elles sont battues, rouées de coups, violées verbalement et physiquement, mais dès leur plus jeune âge on leur a appris la signification de ces quelques mots : *« Never explain, never complain. »* Elles achètent des robes, des colifichets, des accessoires, elles se maquillent, se coiffent, se tiennent au courant des tendances de la mode, elles font « bonne figure » quoi qu'il arrive. Sans le savoir, elles perpétuent la « culture peur » et elles répéteront le même schéma dans l'éducation de leurs enfants : on accepte tout, on ferme les yeux et surtout, surtout, on ne dit rien.

– Ça va ? chuchote la voix de Nathalie derrière mon dos.

Je reviens lentement à la surface, après avoir touché le fond du passé. J'ai du mal à respirer. La chaleur mêlée à l'étroitesse du lieu, sans doute... Nathalie me regarde avec une inquiétude touchante. Elle a les *« blue eyes »* de la chanson d'Elton John, une façon incroyable de porter les habits, un *« huge heart »* (un cœur « gros comme ça ») et surtout une patience infinie à mon égard. Je la rassure d'un sourire et nous rejoignons ma famille. On mange, on rit, on boit un petit coup de rhum – pas trop, car je ne supporte pas de ne pas être en pleine possession de mes moyens, panique due sans doute à cette enfance piétinée –, puis on s'en va admirer le coucher du soleil sur la plage. Un peu de poussière d'or, un zeste de gris irisé mêlé à un orange vif : le soleil, royal, habillé très couture, descend à pic sur l'écume des vagues assagies par la tiédeur du soir. Au loin, un bateau de pêche se traîne nonchalamment jusqu'au port. Tard dans la nuit, nous irons peut-être danser le calypso ou manger du poisson dans l'une des bicoques déglinguées de la rue principale. Tout est possible. Mon combat pour les enfants ne fait que commencer et mon *« tomorrow »* sera au moins aussi beau que ce *« today »*.

*
* *

Lundi 5 juillet, changement de décor...

Toulouse, la ville rose...

Place du Capitole, je dîne à la terrasse d'une brasserie, toujours avec Nat – originaire de la ville –, toujours avec mon petit frère, mais également avec Christian, le mari de Nathalie, qui est producteur de télévision. Lui aussi m'a pris sous son aile. Tous deux sont là pour moi, quoi qu'il arrive. Ils sont mes repères quand je m'égare, ma force quand je verse les larmes de cet enfant que je n'ai jamais été, l'énergie qui me manque parfois pour remonter la pente. Et si Nathalie est ma copine, Christian, lui, est le chef incontesté de toutes les constellations de mon ciel, quelle qu'en soit la météo. On s'engueule parfois, on rit souvent. Entre nous, c'est décidément *up and down*.

Toulouse. J'aime cette ville. Ses couleurs, ses odeurs, son côté secret, ses ruelles pavées qui communiquent entre elles via des fontaines, des petits jardins, des oasis inattendues.

– Tu sais, Nat, ce livre est très important pour moi. J'ai besoin de vider mon sac, de tout dire, maintenant. J'ai gardé ça pendant vingt-quatre années, tu te rends compte ? Je veux parler ! C'est comme une urgence, tu comprends ?

Oui, bien sûr, Nathalie comprend. Mais nous sommes installés à une terrasse et déjà des passants s'arrêtent, leur stylo à la main. En fixant mon choix sur ce restaurant, j'avais pensé à la vue, pas à « être en vue ».

– Salut, Vincent ! Bienvenue à Toulouse ! On a voté pour toi, tu sais...

– Tu as vu ? C'est Vincent ! Eh, Vincent ! Tu sais, on a cessé de regarder « La Ferme » quand tu es parti, c'était vraiment toi le plus sympa...

– Vincent, on t'aime !

Une petite Beurette d'une quinzaine d'années me tend un papier et un crayon. Je signe un, deux, trois autographes... Mais très vite la situation se révèle difficile à gérer. On veut me toucher, m'embrasser, me prendre en photo. Je m'aperçois avec stupeur que les très jeunes se mêlent aux moins jeunes, et que ces gens, tous âges confondus, s'intéressent au Vincent qu'ils n'ont pas pu découvrir derrière l'image *show-off* de la télévision. Certes ils m'ont vu pleurer, parfois, mais peu d'entre eux savent vraiment qui je suis, d'où je (re)viens, et surtout où j'aurais pu laisser mon âme. Mes valises sont lourdes à porter et elles ne contiennent pas que des vêtements griffés de grands couturiers. Elles contiennent ma souffrance, mon dégoût pour ces abominations qui continuent de se perpétrer, à Sainte-Lucie et ailleurs. J'aime ces gens. Le cadeau qu'ils m'ont fait en votant pour moi n'a pas de prix. Ils m'ont permis d'accéder à la notoriété. Ils ont permis à une petite voix de devenir grande... Ce droit à la parole, je ne le veux, je ne l'accepte que pour le mettre au service de mon combat pour la protection des enfants.

À la demande de Nathalie, on nous change de table. J'ai soudain un coup de blues. Je touche à peine à mon assiette. Je pense aux regards brillants et fragiles de ces gosses croisés lors de mon dernier voyage à Sainte-Lucie. Je pense à cette petite flamme, pur trésor de l'enfant quand on le laisse être un enfant, et qui, au terme d'une longue série d'humiliations, d'exigences sordides, de chantages ignobles, peut s'éteindre à jamais.

Je prétexte la fatigue pour regagner l'hôtel, ma chambre et mon lit, où je m'écroule tout habillé. Donovan, mon petit frère, connaît bien ces moments où je noircis ma vie comme on noircit un cahier, avec des pensées et des mots décousus, des idées contradictoires dictées par la colère et le désespoir. C'est brouillon, destructif, très en osmose avec mon signe astrologique, le Scorpion... Je presse mon oreiller-doudou contre ma joue mouillée de larmes, c'est le seul pansement dont j'ai réellement besoin. Mon baume anti-stress et anti-détresse, de la nostalgie positive enfermée dans un élément doux et moelleux, formule brevetée par Mama Fa. Ma grand-mère... Si elle était encore de ce monde, elle me houspillerait et me ferait relever la tête en un rien de temps avec une simple phrase :

– Pense plutôt à ton livre !

Elle aurait raison. Pour aller de l'avant, il faut revenir en arrière. Et faire la paix avec son passé. Je le sais. *So*... Comment et par quoi commencer si ce n'est par le commencement ? Mon histoire n'a rien d'un de ces *soaps* que je suivais avec ferveur, à Sainte-Lucie, lorsqu'il m'a enfin été possible de regarder la télévision. Je n'ai pas eu la vie d'Alexis, alias Joan Collins, la célèbre héroïne de

« Dynastie », mais j'ai porté ses robes et ses bijoux dans mes rêves les plus fous. Je n'ai pas non plus été Diana Ross ni Gloria Gaynor, mais j'ai dansé en leur nom sur le *dance floor* de la discothèque de Castries. Ma vie *« is a true story »*. Dans un *soap* on est pauvre et soudain on devient riche, on est seul puis on trouve *amour*, *gloire et beauté*... On ment, on tue, on trompe, on s'approprie le bien d'autrui, mais le viol et l'inceste ne font pas partie du cocktail gagnant... Pas à pas, dépouillé de ma dignité, démuni de tout sauf de l'essentiel – ma foi –, j'ai avancé sur ce chemin de croix qui m'avait été tracé, m'accrochant au bastingage les jours de tempête. « Un jour tu seras une star, me répétais-je alors ; un jour tu seras un styliste connu ; un jour tu auras une voix ; un jour, plus personne ne t'empêchera de parler. »

Non, je n'étais pas *doomed*, marqué par le destin ou voué à l'échec, j'étais Vincent et je m'étais cousu deux promesses sur mesure : celle d'être un jour aimé avec ma différence, et celle d'offrir mon soutien aux enfants abusés. J'espère être sur la bonne voie.

– Première partie –

LES « BONNES ANNÉES »

– 1 –

QUAND UNE REINE DE BEAUTÉ RENCONTRE UN FAN D'ELVIS

Entre « oublis » et « non-dits », famille reconnue et famille bafouée, mon arbre généalogique a bien du mal à déployer ses branches. Certaines feuilles ont été arrachées, d'autres se sont détachées toutes seules, poussées par le souffle régulier des alizés, d'autres encore sont mortes avant même d'avoir vu le jour. Elrifa Elcock, ma grand-mère, a emporté dans sa tombe les secrets de cet arbre doté d'une incroyable fertilité.

Chef d'orchestre de ses nombreux enfants et petits-enfants dont je fais partie, Mama Fa a mené à la baguette tout son petit monde. Je ne l'en admire pas moins pour autant. Et comment pourrais-je douter de son amour, puisque j'ai appris qu'elle avait prononcé mon prénom juste avant de s'éteindre ? Elle avait demandé à me voir, moi, Vincent, probablement son petit-fils préféré. Ce que je sais de mes parents, je le tiens d'elle et uniquement d'elle. Elle était ma mémoire. Depuis qu'elle est partie, je fais la chasse aux souvenirs, mais les souvenirs sont comme les papillons, difficiles à capturer. Certaines portes demeurent closes. Durant toute mon enfance et mon adolescence, ma grand-mère m'a distillé des informations, essentiellement du « politiquement correct ». Parfois, lorsque nous nous retrouvions seuls tous les deux, lorsqu'elle quittait son poste d'observation sur le balcon et m'accueillait dans sa chambre – privilège rare –, un sourire, un regard appuyé m'envoyaient d'autres signaux. Sans doute voulait-elle me faire comprendre qu'elle n'était dupe de rien et que, si elle ne pouvait me soutenir de façon ouverte, elle n'en pensait pas moins.

Les mères font de leurs fils chéris des coqs de basse-cour. Ma grand-mère n'a pas failli à cette règle. D'ailleurs, mon père Justin a hérité bien vite d'un surnom qui lui allait comme un gant : le Coq. Le Coq de Sainte-Lucie, c'était et c'est toujours lui. Il était beau, typé « hispano-black », fort, et il avait la tchatche d'un vrai chef. Comptant fièrement les poules qu'il séduisait, il les abandonnait au gré de ses humeurs et de ses déplacements. « Une femme dans chaque port » était sa devise. Facile, pour un musicien qui sillonnait les routes avec un petit groupe formé de copains. *Mon père, ce héros...* Il aura semé plus de graines qu'aucun (sur)homme en ce monde, pas même Elvis Presley, son idole. Il lui suffisait de faire l'amour une seule fois pour se reproduire. Et s'il consommait sans modération, son choix se portait presque exclusivement sur des femmes à la peau claire et à la chevelure abondante. Aujourd'hui, je crois pouvoir dire que ce don Juan professionnel comptabilise quinze enfants, mais je serais tenté d'ajouter « environ » : la progéniture de mon illustre père demeure un mystère que personne, à ma connaissance, n'est en mesure de percer.

Ainsi suis-je né : teint mat mais plutôt clair et cheveux noirs, épais, bouclés à souhait, que ma grand-mère avait bien du mal à discipliner. Quel genre, exactement ? Allez savoir... Black-espagnol par mon père, avec de lointaines origines indiennes. Mâtiné portugais-écossais du côté des ancêtres maternels. Là aussi, je charrie en moi toutes les différences.

Pour en revenir au Coq, je sais qu'avant d'être mon père il a été le fils adoré, le fils préféré de ma grand-mère. Mama Fa était très amoureuse de son mari, décédé peu de temps après la naissance de mon père, en lui laissant cinq enfants à élever seule. Par la suite elle aura une fille, Catherine, avec Régis, un homme déjà marié dont elle sera la maîtresse jusqu'à son dernier souffle.

Catherine, voilà qu'il m'est difficile d'écrire ton nom. Pourtant il le faut, puisque tu es, finalement, la seule héroïne de ce livre. Ma gorge se serre quand je t'évoque. Titie Kate, ma déesse, l'instrument innocent de mon drame. Autour de toi se noueront toutes les intrigues. Tu seras ma force, puis ma douleur absolue. Pourquoi faut-il que ceux qu'on aime le plus soient aussi ceux qui vous font le plus souffrir ? Au milieu de tous mes « pourquoi » répertoriés par degré d'importance, celui-ci est sûrement l'un des plus graves, l'un de ceux qui ne cessent de me hanter.

À la mort de son mari, ma grand-mère, brisée par le chagrin, élève mon père comme on élève un enfant prodige. Ce cadeau vivant offert par son homme top tôt disparu lui donne une vraie raison de vivre, de continuer à avancer malgré son chagrin. C'est ainsi qu'elle couve son « coq », l'étouffant de sa tendresse, de son amour, déversant sur lui des wagons d'admiration, des torrents de superlatifs : mon fils, c'est le plus beau, c'est le plus fort, c'est le plus ceci, le plus cela... *Et si parfois il frappe, il cogne ses femmes, c'est sûrement parce qu'il a des raisons de le faire.* Des raisons ? Sous l'intitulé « pardonner c'est aimer », je pardonne à mon père bien des écarts de langage à mon égard – être traité en permanence de *« jackass »* (trou du cul) ou de « petite tapette » a certes traumatisé mes jeunes années – mais ces mots, si blessants soient-ils, ne sont rien en comparaison de l'insoutenable violence physique dont il a fait preuve envers ma mère...

*
* *

Mon père est né à Canaries, sur la côte ouest de Sainte-Lucie. À flanc de colline au milieu de nulle part, dans une maison grande comme un mouchoir de poche, ma grand-mère paternelle organise tant bien que mal une vie pour ses enfants et elle. Tout ce petit monde cohabite dans une seule pièce et se nourrit de ce qui pousse et de ce qui se présente. Matière végétale, matière animale, tout est bon à prendre, au rythme des saisons. Une vache fournit du lait, les champs offrent du cacao, des clémentines, des carottes, des oignons. Et les poules donnent quelques œufs ; dans les moments de disette il faut parfois partager un œuf en cinq ou six ; mêlé à de la farine, ça cale l'estomac. On élève un cochon en calculant le moment précis où il pourra avoir des petits. On anticipe leur vente comme on anticipe celle du lait et des légumes sur le marché.

À Soufrière, ce minuscule village pris en sandwich entre les deux pitons emblématiques où vit ma mère, ce n'est guère mieux. Ses parents, fermiers eux aussi, tirent leurs maigres revenus de l'agriculture. Et l'endroit où ils habitent tient davantage de la cabane vétuste que de la maison. Mais si le tableau que j'en fais semble noir, la réalité l'est alors beaucoup moins ! Personne n'est malheureux car personne ne sait ce qu'est le bonheur... Personne ne connaît autre chose que cette colline à la végétation hirsute et qu'il faut descendre puis gravir sous une chaleur écrasante. Se rendre « à la ville » est une véritable expédition. Il faut marcher longtemps... Tout tourne autour d'un seul problème : comment nourrir la famille. Le reste n'a guère d'importance. Et le temps glisse sans autre occupation que celle de subvenir aux besoins de chacun.

En plus des concerts qu'il donne, Justin le coq bricole un peu à droite et à gauche, des petits travaux de maçonnerie et de construction, mais le soleil des îles tape dur et mon père ne se tue pas à l'ouvrage, car sa principale occupation reste de séduire les femmes. L'argent qu'il gagne, il le donne à ma grand-mère. Ce qu'il préfère ? La vie de bohème, sur les routes, et ces minutes enivrantes où il existe vraiment, sur scène. Les groupies affluent. Mon père ne sait ni lire ni écrire mais c'est un bon musicien. Il est surtout bel homme, sûr de son charme et de ses prouesses sexuelles. Il connaît sur le bout des doigts le langage du corps : « un bon coup », murmure-t-on dans l'île. En super macho qu'il est, Justin Elcock tient à sa réputation. Il tient aussi à faire des gosses, non pas pour les élever ou les reconnaître (il refusera de donner son nom à trois d'entre eux, dont moi), mais juste pour « avoir une équipe de foot » à sa disposition. Il n'est pas le seul à penser de cette manière et les discussions entre copains tournent principalement autour de « ça » : le nombre de graines semées. Le mariage ? Il ne veut pas d'attaches. La seule femme qu'il épousera – avec la bénédiction de ma grand-mère – c'est la maman de mon petit frère Donovan, simplement parce que sa famille a une position sociale.

Il fait chaud et lorsqu'il fait chaud, dans les îles, on fait l'amour et des enfants. C'est ainsi. Lorsqu'un soir de concert Justin aperçoit au premier rang ma mère, fine, racée, toute pimpante dans sa robe de bal, son sang ne fait qu'un tour. Pas question de laisser s'échapper une aussi jolie poulette...

*
* *

Ma mère... Je lui dois mon nom, Mc Doom, un nom écossais. Sans elle, ce nom aurait sans doute disparu à tout jamais. La mère de ma mère n'était pas mariée, mon père n'a pas épousé ma mère, et ma mère ne s'est jamais mariée... c'est ainsi que Mc Doom est resté dans la famille.

Victoire, c'est le nom de maman, n'a pas d'ambition particulière, ni de passion avouée. Elle pousse toute seule, entre un frère aîné et des parents peu soucieux de donner une éducation à leurs enfants. Sa vie se partage entre les tâches ménagères, l'école qu'elle pratique à temps partiel et des petits jobs, à droite et à gauche, qui lui permettent de gagner un peu d'argent pour s'offrir quelques toilettes afin d'aller danser. La musique de la séduction, les belles paroles, les mots sirupeux, elle connaît : à tout juste vingt-deux ans elle a déjà trois enfants de trois pères différents, tous disparus dans la nature. Personne ne s'en émeut. C'est ainsi. À Sainte-Lucie, une fille n'apprend pas la sexualité, elle n'a pas le temps de la découvrir, elle la vit ou la subit, l'essentiel étant de ne pas en parler, de ne pas faire en sorte qu'elle devienne un problème. Les enfants ? Ils arrivent, via les cigognes qui les déposent dans leur nid. Tout cela ne tient pas debout, mais l'intellect peu développé de ma mère, son absence totale d'informations et surtout sa résignation innée, placée sous le signe d'une culpabilité judéo-chrétienne inébranlable, ne lui permettent pas de chercher plus loin.

Grande, mince, élégante, Victoire attire tous les regards. Elle vient d'être élue reine de beauté. Au premier accord de guitare, elle tombe sous le charme de mon père. Lui la trouve mignonne, sans plus. C'est une femme. Traduction : c'est un objet de plaisir, point. Du moment qu'elle a le teint clair et de beaux cheveux noirs... Ils s'aimeront le temps d'une chanson, toujours la même. On ne change pas une recette qui marche. Sans attendre que le disque soit rayé, mon père court déjà un autre jupon...

– 2 –

ATTACHÉ À UN PIED DE TABLE

Mon père ne se drogue pas (pourtant Dieu sait s'il est facile de se procurer ces choses illicites dans les Caraïbes, haut lieu de transit pour les drogues sud-américaines destinées à l'Europe et aux États-Unis). Mon père ne fume pas. Mon père frappe. À chaque femme son degré de violence verbale et physique. Avec les très jeunes, les plus démunies, les plus innocentes (ses préférées), il ne sent pas sa force, il cogne, il injurie, humilie, menace ; il s'acharne comme si la soumission ou la passivité décuplait son plaisir. Avec les plus âgées, il répète le schéma maternel et se montre soudain sous les traits d'un *little boy*. Pas pour longtemps, car sa phallocratie le rattrape au moment où il pourrait, peut-être, se laisser aller à un moment de tendresse. Il cogne et puis s'en va. Son sexe le mène et le ramène inexorablement à la case « départ », comme s'il se voulait toujours en « transit ». Et même s'il se lasse, s'il abandonne, il ne tolère pas d'être remplacé. Il veut être l'Homme avec un grand H, le héros, le seul, l'unique.

Ses femmes acceptent tout. Pour lui les enfants sont des accidents de parcours, pour elles ils sont le prolongement d'un amour pur et sincère. À leurs yeux, il est *the king*. Il frappe. Un peu, beaucoup, à la folie... Qu'importe ! Il a « un putain de *good look* », joue de la guitare et chante comme personne, et surtout il a une voiture, argument de poids quand on pratique la séduction à temps complet. Sa plaque d'immatriculation, *11 13*, est connue de tout le voisinage. Partout où il passe, il laisse derrière lui une odeur de soufre. Justin Elcock est à l'image des volcans de sa terre natale : toujours en éruption.

Ma mère sait tout. Et comme les autres, elle ferme les yeux. C'est une femme, un être inférieur – c'est du moins ce qu'on lui a appris – donc elle se doit d'être aveugle, sourde et muette face à l'homme dont elle est l'esclave consentante. Le monde dans lequel elle vit est un monde pétri d'hypocrisie, de lâcheté, d'atrocités, mais ses sens sont endormis. Cette anesthésie, voulue, elle la pratique au quotidien dans l'espoir d'éviter les conflits, et surtout les coups.

Enceinte de mon père, elle poursuit sa petite vie cahin-caha. Elle a quitté la maison de ses parents pour vivre seule. Mon père lui donne un peu d'argent. Maman n'est pas très exigeante : du moment que ses enfants ont de quoi manger... Et même si mon père la frappe, il vient la voir régulièrement. Ils n'habitent pas ensemble – mon père, même marié, ne renoncera jamais à sa liberté pour vivre avec une femme –, mais elle se satisfait de cette présence au compte-gouttes qu'il consent à lui donner. Elle ne peut établir de comparaison puisqu'elle n'a aucun contact avec l'extérieur. Elle ne lit pas, ne sort pas, ne sait pas qu'il existe autre chose. Le sentiment de révolte surgit lorsqu'on vous met sous les yeux une autre image du bonheur... Enceinte de sept mois – de moi, Vincent –, elle reste disponible pour mon père nuit et jour, ne voit pas d'autres hommes, se soumet à toutes ses exigences sexuelles quelles que soient sa fatigue et les tâches ménagères qu'elle doit accomplir, et malgré cela mon père la traite comme une moins que rien. Lorsqu'il arrive, sans prévenir et parfois à des heures indues, et que la maison n'est pas rangée comme il exige qu'elle le soit, il cogne. Un verre est posé là où il ne doit pas l'être ? Il cogne à nouveau.

Enceinte ou pas, ma mère encaisse plutôt bien les coups. Mais ce jour-là, il fait un peu plus chaud que d'habitude. Elle se sent vidée, lourde, et se passerait bien d'une nouvelle scène. Mon père est en forme. Ils se disputent. Pour une fois elle réplique. Erreur ! Mon père lui flanque une telle raclée qu'elle se retrouve projetée à terre sous la violence du choc. Il l'a frappée au ventre. Elle hurle de douleur. Lui a déjà claqué la porte. Sans doute l'entend-il crier... Il se contente d'aller prévenir les voisins :

– Je crois que Victoire va accoucher...

Et il remonte dans sa voiture sans plus tarder. Il a d'autres chats à fouetter. Que les femmes se débrouillent entre elles...

Aidée par les voisins, ma mère accouche, avant terme, le 27 octobre 1965, à même le sol, comme un animal. Ce petit paquet rouge de colère, trempé de sueur et de larmes mêlées que lui remet la voisine, ma mère n'en veut pas. J'existe depuis moins d'une heure que déjà me voilà rejeté. Déjà me voilà *doomed*, marqué par le destin. J'ai beau avoir un père et une mère biologiques, je suis orphelin. On ne veut pas de moi. Je suis une tache dans le paysage.

Une autre tache, pourtant, va me sauver, m'arracher à un devenir improbable.

*
* *

Mama Fa, habituée aux frasques de son fils chéri – qu'il sème des graines ne la dérange pas du moment qu'il ne lui impose pas ses femmes –, décide pour une fois d'examiner avec attention cette nouvelle naissance. Et contre toute attente, elle exige que son fils lui apporte l'enfant. Mon père commence par refuser :

– Cet enfant n'est pas de moi, je ne comprends pas pourquoi tu veux absolument le voir...

– Amène-le-moi, nous verrons bien.

Justin ne peut rien refuser à sa mère. Son pouvoir, sa tyrannie, sa cruauté, il peut l'exercer à loisir sur ses femmes, pas sur *la* femme. Elrifa Elcock a la mainmise sur son fils et tout ce qui concerne la vie de ce dernier. Et quand elle parle, la terre tremble. Cela dure quelques secondes, le temps pour Justin de rendre les armes et de passer du rôle de dictateur à celui de sujet obéissant. *A little boy*... Il sauterait bien en marche de ce train qui le conduit là où il craint de se rendre, hélas il n'a pas le choix. Devant cette femme, il plie, il capitule, il revient à l'état fœtal.

C'est ainsi que j'entre dans le monde, expulsé d'un coup de pied transformé de justesse en coup de cœur. J'ai quel âge, au juste ? Une semaine, huit, neuf jours ? Me voici sous contrôle. Petite chose fragile et vagissante – nouveau-né je pleurais sans discontinuer –, me voici l'objet d'une inspection minutieuse. On ne trompe pas Mama Fa sur la marchandise. D'ailleurs on ne la trompe sur rien. Cette femme est un véritable inspecteur des travaux, finis ou en cours de fabrication. Elle me soupèse, m'examine, exactement comme elle le ferait avec une volaille. Entre les cuisses, sous les bras, derrière l'oreille, dans les cheveux, aucune zone n'échappe à son regard. Enfin, elle trouve ce qu'elle cherche. Une auréole brune de la taille d'un petit pois. Une tache de naissance, preuve indiscutable de filiation.

– Regarde, dit-elle à son fils, cette tache, là... Tu as d'autres enfants mais celui-là, tu ne peux nier le fait qu'il est le tien. Ton père avait la même marque, exactement au même endroit.

Argument infaillible, mon père doit se rendre à l'évidence, je suis son fils. Que cela lui plaise ou non, il doit s'occuper de moi. D'autant que ma propre mère a baissé les bras. Elle me donne le sein parce qu'elle y est obligée. Je lui rappelle trop de mauvais souvenirs. Je suis le reflet vivant et bruyant de cet homme qui l'humilie en permanence. Elle devient dépressive. Elle se met à fumer comme un pompier, me délaisse totalement et passe ses journées au lit... Ses parents ont recueilli ses trois autres enfants. Sous la pression de ma grand-mère, mon père passe prendre de mes nouvelles. Et il est bien forcé de constater que Victoire ne fait pas son travail de mère. Au retour de ces visites, Mama Fa le soumet à la question.

– Alors, est-ce que cette femme s'occupe du bébé ?

Et mon père est contraint de lui avouer la vérité. Non, Victoire ne s'occupe pas de moi. Oui, Victoire se laisse aller. Voilà qui arrange bien ma grand-mère. Car si elle déteste les femmes de mon père, elle adore les enfants et ne rêve que d'une chose : les prendre tous dans son giron. Et les élever selon sa loi.

Mon père, qui sait à quel point ma grand-mère tient à moi – je lui rappelle son mari tant aimé –, décide de me soustraire à ma mère. Un jour il vient à la maison et, sans un mot à l'adresse de cette dernière, physiquement présente mais totalement absente moralement, m'embarque. Ma mère le laisse faire. Dans cet état de somnolence où elle est en permanence, se rend-elle seulement compte de ce qui se passe ?

À ce moment-là, mon père vit et travaille dans la capitale. Occupé par ses affaires – la musique, la mécanique et les femmes –, il ne prend pas le temps de me ramener directement chez ma grand-mère. Il a l'enfant en sa possession, c'est la seule chose qui compte. Ce gosse, c'est de l'or pur.

Quand il reviendra à Canaries avec ce fils dans les bras, le seul qui possède une tache de naissance, il sera un héros aux yeux de sa mère. En me soustrayant aux mains de ma propre mère, il ne réfléchit pas une seconde aux conséquences que ce « rapt » peut engendrer. Mon père pense avec son sexe, pas avec sa tête. Il sait semer des graines mais ignore tout de leur mode d'emploi après conception. Et, d'ailleurs, ça ne l'intéresse pas. Justin Elcock n'est pas homme à se prendre la tête. Il laisse aux autres la responsabilité des tâches matérielles. Quant aux questions existentielles, elles le laissent de marbre.

Évidemment, mon père n'a pas la moindre idée de la façon dont on s'occupe d'un bébé de sept mois. Il pense sans doute qu'il n'y a guère de différence entre cette petite chose, là, enveloppée dans des linges, et un chiot. Or il doit aller travailler. Alors il m'installe sur un oreiller, dépose le trésor sous la table de cuisine, noue un cordon autour de ma cheville et m'attache à l'un des pieds de table. À proximité, il dépose un bol d'eau et des petits morceaux de pain. Les voisins feront le reste. S'ils peuvent venir jeter un œil de temps en temps... Il fait 40 °C à l'intérieur du bidonville crasseux où mon père ne fait que passer en coup de vent, qu'importe. L'auteur de mes jours me laisse sans remords dans ce décor sinistre et cette absence totale d'hygiène, danger évident pour ma santé alors plus que précaire. Alertés par mes poussées de fièvre et mes cris incessants due à une claustrophobie dont je souffre toujours, les voisins viennent, mais ils ont leur propre business et eux aussi m'abandonnent à mon sort après avoir tenté, en vain, de me consoler et de me raisonner. Si incroyable qu'elle puisse paraître, cette histoire, vraie, est devenue une légende à Sainte-Lucie...

Au bout de deux mois, les nerfs de mon père lâchent. Mes pleurs l'exaspèrent. Ma présence le dérange dans ses activités. Il veut dormir, il veut vivre. Et je suis pour lui un boulet. Après tout, lui aussi est un enfant, l'enfant de sa mère. Et les enfants sont l'affaire des femmes, pas la sienne. Fort de ce constat, il me détache et m'embarque sous son bras une nouvelle fois : destination l'arche de Mama Fa. L'arrivée chez ma grand-mère est triomphale. Enfin, elle récupère la chair de sa chair : l'enfant marqué par une tache de naissance.

*

* *

À ce moment-là, ma grand-mère vit avec sa fille Sonia, devenue bossue à la suite d'un accident de jeunesse. Après avoir été l'enfant rejeté, le bébé attaché à un pied de table, je deviens l'enfant roi sous le regard réprobateur de ma tante Sonia dévorée par l'amertume. Sentiment qui va atteindre son point culminant lorsque les autres enfants de ma grand-mère – aussitôt alertés par ma venue et la rumeur selon laquelle elle me couve – débarquent les uns après les autres avec leur progéniture respective. Ce que mon père a obtenu, ils le veulent eux aussi. Ainsi, la petite maison en briques va très vite afficher complet. Mama Fa jubile. Exit les femmes. Elle a à la fois les enfants et l'argent ! Car c'est désormais elle qui récupère une bonne partie des salaires de ses fils.

De son côté, mon père, délivré d'un poids, retourne à sa vie dissolue. Il continue à voir ma mère sans pour autant cesser de faire le joli cœur. Faiblesse de femme amoureuse, elle retombe dans ses bras. Il lui donne deux autres enfants : l'un est mort-né, l'autre, mon frère Anthony, vient rejoindre aussitôt la tribu.

La maison est toujours pleine, surtout le week-end, car les fils rapportent leur linge à laver, autant d'argent en plus pour ma grand-mère qui distribue les ordres depuis son trône. Surtout à sa fille.

– Fais ci, fais ça... Et ça, est-ce que tu y as pensé ? Il faudra aussi que...

Sonia effectue les tâches sans broncher, la rage au ventre. Elle est bossue, mais pas impotente. Elle se déplace sans aucun problème, elle comprend, elle sait lire et écrire. En fait, elle se sert de son infirmité pour se dévaloriser, se victimiser. Toute cette agitation autour de nous, et plus particulièrement autour de moi, l'agace. Sa propre mère ne lui a jamais manifesté le moindre intérêt. Et voilà que, soudain, elle doit prendre en charge toute une maisonnée. Pourtant elle se tait. La religion la rattrape là où elle pourrait, peut-être, cesser de se soumettre. Le chemin qui conduit à la liberté de faire et de penser est un chemin de ronces et d'épines sur lequel il est préférable de ne pas s'aventurer. Or Dieu n'a-t-il pas dit « Venez à moi et vous serez sauvés » ? Alors va pour Dieu !

– 3 –

« MISS STEEVE »

Mes premiers souvenirs datent du moment où j'ai commencé à parler. Et contrairement à la majorité des enfants, mes premiers mots n'ont pas été « maman » ou « papa ». Mes premiers mots ont été pour Dieu. J'ai commencé à dire mes prières vers l'âge de trois ou quatre ans, sans avoir la moindre idée de la signification des termes que je prononçais. Je savais juste dans ma petite tête d'enfant que je devais le faire. Pourquoi ? Parce que c'était ainsi. Je savais aussi que si je refusais d'obéir je serais frappé, puni, montré du doigt comme un méchant garçon.

Tôt le matin, Mama Fa plaçait autour d'elle toute la famille : enfants, petits-enfants, tout le monde devait être là pour le cérémonial des prières. Le plus petit se mettait au milieu et tante Sonia, toujours derrière, en retrait. Drôle de plan de table pour des agapes dont le sens, forcément, nous échappait.

Ma grand-mère donnait le signal du départ : « Notre Père qui êtes aux cieux... »

Les yeux fermés (c'était une obligation), nous reprenions avec elle : « Notre Père qui êtes aux cieux... Que votre volonté soit faite, sur la terre comme au ciel », etc. Et le premier qui avait le malheur de se tromper ou de bafouiller recevait une claque retentissante. Ainsi soit-il.

Devait-il vraiment en être ainsi ?

Je n'ai jamais su ce que je racontais et, au fil des années, ces prières récitées juste pour la façade, les convenances, m'ennuyèrent à mourir. Je me souviens qu'à cette époque je détestais ma grand-mère pour cette comédie qu'elle nous infligeait à trois reprises dans la journée. Matin, midi et soir, nous devions répéter la même chose en affichant un air grave et concerné. Parfois j'essayais d'échapper à cette corvée en simulant une crise de larmes. Je réclamais alors la seule personne capable de me calmer : une jeune fille de dix-sept ans environ nommée Blossom et qui habitait la maison voisine de la nôtre. Une seule parole de cette brune ravissante à la peau claire réussissait à m'apaiser. Elle me prenait dans ses bras et me berçait jusqu'à ce que mes pleurs cessent. Bien sûr ma grand-mère voyait cette affection d'un très mauvais œil et tous les prétextes étaient bons pour m'empêcher de voir cette fille dont je subissais l'influence déplorable.

Ainsi, mes cousins, cousines et moi-même vivons dans une atmosphère surprotégée. La maison de ma grand-mère à Canaries donne directement sur *Main Street*, mais nous n'avons que rarement accès à cette rue principale et toujours sous contrôle. Le soir, après la prière et le dîner, et dès l'ouverture du *dance hall*, Mama Fa ferme tous les volets et nous ordonne d'aller nous coucher. *Aveugles, sourds, muets*... Nous connaissons la consigne. Elle seule a le droit de rester assise sur le balcon, à observer tout ce qui se passe et à tenter de deviner ce qui pourrait, par malheur, avoir échappé à son œil de lynx. Rien ne doit ternir la réputation de sa famille. Nous ne rendons visite à personne et notre porte demeure close aux étrangers. L'un d'entre nous est-il malade ? Qu'à cela ne tienne : ma grand-mère se veut aussi guérisseuse... Et je dois l'admettre, durant toutes ces années, aucun membre du corps médical n'a franchi le seuil de notre maison : elle nous maintenait en bonne santé.

Canaries a la taille d'un mouchoir de poche. Tant mieux pour la matriarche qui peut ainsi gérer tous nos déplacements, chronomètre en main, avec promesses de coups si nous ne respectons pas le *timing*. Tant pis pour nous et nos envies folles d'aller voir ailleurs si l'ambiance est moins lourde. Nous sommes pauvres mais ma grand-mère veut nous donner une éducation bourgeoise, avec les interdits et les hypocrisies qui en découlent. Je n'ai pas d'amis, je ne joue pas – d'ailleurs je ne possède pas de jouets – je ne vais pas à la plage avec les autres enfants, je ne me baigne pas, je ne construis pas de châteaux de sable – très vite j'apprendrai que le sable sert à fabriquer des briques avec le ciment, non à s'amuser –, je porte toujours des vêtements à la propreté impeccable et, surtout, je ne parle pas le créole. Je dois m'exprimer dans un anglais parfait, sous peine, là encore, d'être corrigé verbalement ou physiquement. Parler créole n'est pas chic.

– Vincent ! Combien de fois te l'ai-je répété ? On ne dit pas *« hello »*, on dit *« good morning »* !

C'est pour mon bien, toujours pour mon bien. J'ai si peur, je crains tellement Mama Fa que, déjà, je fais en sorte d'être « parfait ». J'entends encore sa voix me déclarer :

– Nous n'avons pas d'argent, mais nous avons de la classe. Tu as une classe innée, ne l'oublie jamais... Et quand les gens te diront que tu es différent, ne les crois pas. Tu es unique, c'est tout.

Où que j'aille, je suis accompagné par mon garde du corps. Impossible, impensable de faire un pas sans la présence de ma grand-mère. Sa stature imposante et son port de tête royal parlent pour elle. Elle ne marche pas dans la rue, elle se déplace, elle se montre, telle une princesse, et quand elle entre dans l'unique épicerie du village tout le monde se tait. À l'église, le scénario se corse. Elle rajoute à sa belle robe noire à col de dentelle une touche de mélo en se fabriquant cet air contrit qui sied si bien à sa boulimie de prières : *Seigneur, c'est ma faute, c'est ma très grande faute...*

*
* *

Je n'ai pas eu une vie d'enfant. Sans doute est-ce pour cela que je revendique aujourd'hui le droit de rattraper le temps perdu ! Ma grand-mère, même si elle avait raison sur le fond, a brûlé les étapes de ma jeune existence en me dispensant trop tôt des consignes d'adulte. J'ai à peine cinq ans et ma vie se révèle d'une austérité, d'une rigidité incroyables. Et aussi... une version criante de vérité de l'esclavage moderne. Avec ce que j'ai rapporté comme eau dans mon enfance, je pourrais donner à boire à l'Afrique entière... J'accepte tout en silence parce que je pense que c'est normal ! Il ne me vient pas à l'idée qu'il puisse exister une autre façon d'occuper son temps ! Ma grand-mère fait en sorte qu'il n'y ait aucun espace à meubler. Je pratique le métier d'adulte à temps complet puisqu'elle ne fait rien à part distribuer ses ordres du jour. Debout dès l'aube, je prie, je vais chercher de l'eau, je cuisine à l'occasion, je jardine, je couds, je fais les courses, je lave du linge dans cette rivière répugnante où les gens font leurs besoins – les toilettes n'existent pas –, je m'occupe des plus petits tout en subissant la loi des plus grands... Le droit d'aînesse sévit : même si l'un d'entre nous n'est âgé que d'un mois de plus, on doit s'incliner devant lui et se taire.

Chaque week-end Mama Fa se rend à Castries, la capitale, pour faire ses emplettes. Et chaque samedi, elle emmène avec elle l'un de ses petits-enfants, essentiellement pour porter ses paquets et accessoirement pour ne pas se promener seule. Le reste de la semaine est si ennuyeux que chacun rêve d'être choisi pour partager avec elle ce moment privilégié. Récompense suprême, il aura droit à un petit cadeau : une pomme, denrée extrêmement rare en ce temps-là. Le plus souvent, c'est moi qui ai la chance d'accompagner ma grand-mère. Je crois l'avoir déjà dit : j'étais le préféré, *son* préféré – à sa manière –, le souvenir délicieux des jours heureux passés en compagnie de mon grand-père, le seul amour de sa vie.

Un samedi après-midi elle m'emmène donc à Castries, chez son amie styliste, Miss Steeve. Elle a besoin d'un conseil pour une robe dont les finitions, compliquées à réaliser, lui posent problème. Ma grand-mère est une perfectionniste-née. Elle ne tolère pas l'à-peu-près. Broderies, couture, cuisine, ménage, tout doit être parfait.

Me rendre dans la capitale est une source de joie impossible à décrire. Enfin je m'évade de ce minuscule périmètre où je suis parqué comme un animal sans défense. Les lumières de la ville, les magasins, les cafés, je sais d'emblée que c'est dans un endroit comme ça que je veux vivre plus tard. Mais ce que j'ignore encore, c'est que je vais dans quelques minutes découvrir la mode, le pouvoir de la mode sur mes sens. La boutique de Miss Steeve est *la* boutique de Castries. À peine ma grand-mère a-t-elle poussé la porte que je contemple, ébahi, une véritable caverne d'Ali Baba. Boutons multicolores, tissus précieux, pelotes de laine, patrons et croquis, soies et cotonnades fleuries, escarpins aux talons vertigineux, robes et bracelets en fausses perles, broches en strass, je veux tout voir, je veux tout savoir. Surexcité, je regarde Miss Steeve virevolter dans cet incroyable espace entièrement dédié à la beauté, et je me dis, comme une évidence : « Voilà, c'est ce que je veux faire ! »

Le soir même, à table, les enfants ont, une fois n'est pas coutume, le droit de s'exprimer. Toute la famille est réunie. Même mon père est là. On me bombarde de questions :

– Alors, tu as été à Castries ? Qu'est-ce que tu as fait ? C'était bien ?

Sous le choc de ma découverte – la naissance de ma vocation –, je déverse un flot de paroles maladroites, ponctuées de « Oh ! » et de « Ah ! » émerveillés. Mes remarques enflammées sur les tissus et la façon de tailler telle ou telle robe n'intéressent pas grand monde. Un de mes cousins se moque franchement de mon engouement subit :

– Plus tard, moi je serai pompier. Ça, c'est un vrai métier.

– Et moi je serai ingénieur, renchérit un autre de mes cousins.

– Eh bien moi, je veux être Miss Steeve !

Un silence de mort accueille ma déclaration enflammée. Plusieurs paires d'yeux me foudroient. Le visage de ma grand-mère s'empourpre. Mes cousins pouffent dans leurs mains. Je me rends compte que j'ai dit une bêtise, mais l'importance qu'on semble lui accorder me dépasse. Un enfant de cinq ans ne connaît pas les mots de « styliste », « mannequin » ou « créateur de mode ». En disant que je rêve de devenir Miss Steeve, je fais naïvement allusion à l'univers de la mode sans savoir que les adultes, eux, assimilent cet aveu à un autre, honteux, celui de l'homosexualité. Ils sont si lourds, si épais, leur esprit est si étriqué qu'ils n'ont pas saisi le lien entre le personnage de cette Miss Steeve et ma passion naissante pour la couture. J'ai cinq ans et je viens de faire connaissance, sans le savoir, avec la « différence », ma différence.

Je ne sais pas non plus que je viens d'assister à un grand moment d'hypocrisie sociale. Mon père a plusieurs femmes, une tripotée d'enfants, il frappe, tabasse, enfreint la loi terrestre et la loi divine chaque jour, en toute impunité, mais cela n'est pas grave, il ira sûrement au Ciel pour tous ces crimes qu'il n'a pas commis « officiellement ». Passés sous silence, ces petits meurtres entre amis recevront la bénédiction d'un Dieu décidément bien accommodant. Mais moi, avec mes rêves « déclarés » de devenir Miss Steeve...

Au grand jour, devant les autres, sur le parvis de l'Église avant la messe, ma grand-mère me sermonne :

– Marche droit !

Mais dans le plus total secret, alors que déjà, toute la ville, au grand dam de mon père, me traite de « petite tapette », cette femme si dure et intransigeante d'ordinaire me console, me rassure :

– Ne t'inquiète pas, ce n'est pas grave. *You're unique* (« Tu es unique... »). Et si parfois je te fiche une raclée, c'est parce que je ne veux pas qu'on pense que je te préfère...

Et elle m'attire vers elle pour que je pose ma tête sur sa poitrine. Cette image de protection absolue, de complicité volée à une morale solidement implantée, revient à ma mémoire chaque fois que je croise une femme dotée d'une forte poitrine. Ma grand-mère soufflait le chaud pour l'amour pur et vrai qu'elle me portait, et le froid pour les convenances.

*

* *

Comme la loi le prescrit, j'entre à l'école, cette même année, à l'âge de cinq ans. Dans d'autres villes, ce moment peut faire l'objet d'un drame géographique. L'enfant doit se rendre dans un établissement situé à des kilomètres de la maison familiale. Moi je n'ai pas la chance de vivre ce drame. Mon école se trouve à cinq minutes à pied de chez moi. Cinq minutes aller, cinq minutes retour. Le calvaire peut commencer.

« Oh my God, he's like a girl ! » Dès le premier jour, je sais à quoi m'attendre. Ma grand-mère a cousu de ses propres mains mon uniforme : pantalon bleu et chemise bleu ciel. Je suis fier de ces vêtements dont je prends grand soin. Ce goût pour le raffinement et l'élégance devient aussitôt un sujet de moqueries pour mes camarades. Ce qu'ils ignorent, c'est que Mama Fa me frappe violemment quand je rentre avec un costume taché, froissé ou déchiré par des mains hostiles.

Je n'ai aucune affinité avec mes camarades garçons. Ils aiment le foot, la mécanique et les rapports de force, moi je suis fasciné par la délicatesse et la douceur des poupées Barbie auxquelles je m'identifie. Ils ont des rêves stéréotypés, dictés par leur sexe. Ce sont des « hommes », donc il est logique qu'ils suivent le chemin tracé par leurs aînés. Machos et mécaniciens de pères en fils. Moi je ne veux pas finir les mains dans le cambouis, ensuqué par les odeurs nauséabondes d'essence. Hélas, petit garçon féminin égaré dans une culture aux traditions sexistes, je suis condamné à souffrir. Pourtant, malgré ma jeunesse, une voix au fond de moi me dit que Dieu m'a créé ainsi, avec cette finesse, cette préciosité, et que c'est à moi d'imposer ma place dans la société... Certes mes cinq ans ne me permettent pas de formuler les choses aussi clairement dans ma tête, mais je me dis qu'une force intérieure me protège, me permet de garder intacts mes rêves et mon unicité si tristement bafouée.

– Cultive ta différence, me chuchote ma grand-mère en privé, c'est ce qui te permettra de devenir quelqu'un dans la vie.

Et d'ajouter :

– Bien sûr je ne t'ai rien dit, hein ?

Heureusement j'ai une maîtresse, non un maître. Celle-ci me prend d'emblée sous sa protection. Je ne suis pas doué pour les sports, mais j'excelle en mathématiques et en lettres. Je comprends que ma vie durant je vais avoir à prouver que je suis bon. Que je suis le meilleur. Si je travaille, j'aurai le respect. Et c'est ce que je fais : je travaille. Avec ferveur.

Les autres se montrent si durs avec moi que je ne peux pas aller aux toilettes pendant l'heure de la récréation. Je suis obligé d'interrompre un cours et de demander si je peux sortir, juste pour pouvoir faire pipi sans être harcelé, menacé, violenté, oralement ou physiquement. Les enfants sont méchants, cruels. Ils me tirent les cheveux, déchirent mes vêtements, me rouent de coups. Ils salissent mon beau costume, m'insultent.

– Tu es une fille !

Je rentre à la maison. Ma grand-mère me frappe.

– Va laver tes vêtements, tu dois être propre demain ! Et regarde comme tu es coiffé ! Je vais te couper les cheveux !

La menace me déchire le cœur. J'aime mes cheveux noirs, épais et brillants, que je porte longs. Ma grand-mère les enroule pour en faire des tortillons, peu masculins je dois dire. Mes camarades de classe se déchaînent. Ils en reviennent toujours à cette même constatation :

– Tu n'es pas comme nous, tu n'es pas un garçon !

Ma grand-mère, excédée par ces réflexions humiliantes qui lui reviennent aux oreilles, finira par me couper les cheveux, refusant de se laisser attendrir par mes larmes de révolte.

Je m'acharne sur mon travail scolaire. Je deviens bon, brillant même. Et je m'inscris à toutes les activités artistiques. Quand il s'agit de faire un *show*, de se déguiser, de dessiner ou de chanter, je suis toujours partant. J'aimerais avoir des contacts avec mes camarades mais, en dépit de mes efforts, on m'écarte systématiquement. Chaque bande qui se forme est une bande à laquelle je n'appartiendrai jamais. C'est ainsi et j'en souffre. Je trouve du réconfort chez les filles que je conseille volontiers sur leurs tenues, et chez ma tante Kate qui vit dans la capitale avec son père.

Titie Kate... Le moment est venu de parler de toi. Toi que j'ai adorée, vénérée. *You*, ma *Barbie girl*, toi ma Diana Ross, toi mon idole absolue. J'ai le cœur qui bat en prononçant ton nom. Les années ont passé et, pourtant, la douleur est toujours aussi présente. Tu étais tout, tu étais cette mère dont je n'avais plus aucune nouvelle, tu étais cette sœur manquant à l'appel d'une famille décomposée, tu étais la face cachée de mes rêves les plus fous, la doublure 100 % soie de la plus belle de toutes les robes. Chacune de tes apparitions me transportait dans un monde pur, éclatant de tolérance, où je pouvais être moi, créature androgyne née d'un Dieu ami, sans crainte d'être brûlé par les flammes de l'enfer. Ces flammes qui détruisent ceux qui ont péché, mais quel péché, mon Dieu ? Titie Kate... C'était le temps où tu me rapportais des *paper dolls*, ces poupées en papier que j'habillais avec ferveur. Le « monsieur bien » n'avait pas encore frappé à la porte de ton cœur...

– 4 –

CŒUR D'ENFANT DE CHŒUR

Le week-end, lorsque ma tante Kate débarque à la maison avec son père, l'amant de ma grand-mère, c'est la fête. Toute pimpante dans ses beaux habits, perchée sur ses talons, elle rapporte de la capitale des petits cadeaux pour chacun d'entre nous. C'est notre rayon de soleil du vendredi soir. Dehors, dans les rues du village, son élégance suscite des jalousies. On chuchote sur son passage. Avoir un destin privilégié engendre des tensions, à Sainte-Lucie. Et l'aura que dégage cette fille est comme une insulte pour toutes celles qui n'ont pas les moyens de s'offrir d'aussi jolies toilettes.

Pour moi, Kate apparaît et tout s'éclaire. Au fil des moments passés avec elle, il se crée une complicité très forte. Je suis en admiration devant ses tenues, son allure, sa classe, son éducation. Elle fait des études à Castries. Brillante et ravissante, elle a toutes les raisons de croire en son avenir. Elle épousera un homme riche, elle aura une belle maison et de beaux enfants... Pour l'instant, elle me rend la vie plus douce et j'attends ses visites comme on attend la venue d'une fée. Dès qu'elle arrive, je me précipite dans ses bras et demande à voir ses nouveaux vêtements. Son père, qui travaille au célèbre quotidien de Sainte-Lucie, *The Voice*, a les moyens de gâter sa fille unique. Kate me prête de bonne grâce ses toilettes, ses accessoires, ses chaussures et ses sacs, et s'amuse de me les voir porter. Je défile pour elle, ce qui semble beaucoup lui plaire.

Un jour, ma grand-mère me voit déambuler dans la salle à manger – il serait plus juste de dire la salle à tout faire – vêtu d'une des robes du soir de Kate et perché sur des escarpins très kitsch. Nous sommes à l'aube des années soixante-dix et ma tante s'habille déjà « hippie chic ». Au fil des ans elle devancera toujours la mode, avec un avant-gardisme inné. Pour ma grand-mère, c'est le choc. Je ne suis plus Vincent, son petit Vincent obéissant qu'elle peut modeler à sa guise, même s'il est différent, même s'il est « unique », je suis Miss Steeve. Et être Miss Steeve, même pour rire, c'est un crime. Devant ma tante qui n'a pas le pouvoir de s'interposer, Mama Fa me roue de coups. Les yeux de Kate brillent de larmes contenues. Elle ne peut rien faire, si ce n'est prier pour que je survive à toute cette violence si injuste.

– Enlève ces vêtements immédiatement, espèce de petite taffiole !

Profondément humilié, j'obtempère. J'ai pour ordre d'aller me confesser au plus vite. J'ai péché. *C'est ma faute, ma très grande faute...*

Lorsque ma grand-mère sort enfin de la pièce, et après avoir vérifié que Sonia ou mes autres cousins ne traînent pas dans les parages, ma tante Kate me prend dans ses bras et me berce en me chuchotant des paroles apaisantes. Elle sent bon le parfum chic et cher, ses cheveux sont doux, elle est comme un ange descendu du Ciel et venu prendre quelques jours de vacances sur Terre pour me protéger. C'est bon. Mes larmes ont soudain un goût de miel.

Comme convenu, le lendemain, après l'école, je me rends à l'église avec ma grand-mère. Le matin, à l'aube, j'ai déjà demandé pardon à Dieu, mais de toute évidence le tout-puissant Créateur aime la répétition. J'ignore le pourquoi du comment de toute cette mascarade, je sais juste que je ne peux m'y soustraire. Sur le banc de la famille – à cette époque, le nom de chaque famille est gravé sur le bois –, je m'agenouille, les yeux baissés, écrasé de culpabilité. Je récite mes prières puis, sous le regard terrible de ma grand-mère, je me rends dans le confessionnal où le prêtre m'attend. Et là, devant cette grille qui me terrorise, je fais mon acte de contrition. Je raconte que j'ai essayé les vêtements de ma tante. Pour étoffer mon aveu, j'ajoute n'importe quoi : j'ai fait pipi au lit, j'ai volé des œufs chez les voisins, je me suis battu avec mes camarades de classe, j'ai sali mes habits tout neufs... Le prêtre, dont je distingue à peine les traits derrière la grille de bois, me donne l'absolution d'une voix où je sens poindre un certain amusement, et je regagne le banc familial où je récite, une nouvelle fois, mes prières, les doigts serrés sur mon chapelet.

Dehors, ma grand-mère semble soulagée.

– Les petits garçons ne doivent pas faire cela, tu comprends ? me dit-elle en attrapant ma main et en la serrant contre elle.

Persuadée que je suis dans l'erreur et qu'elle seule a le pouvoir de sauver mon âme via cette religion qu'elle pratique à la manière d'un sport intensif, elle décide ce jour-là que je serai enfant de chœur. Pour elle, c'est le seul moyen de me détourner du diable, incarné par le personnage de Miss Steeve. Elle renforce ainsi son pouvoir sur moi. Et dès lors, lorsqu'on lui demande ce que je veux faire plus tard, elle répond à ma place :

– Vincent sera prêtre.

Dans la tête de ma grand-mère, le statut de prêtre est une position sociale enviable. L'Église est riche, Dieu miséricordieux. Sous l'emprise de son addiction totale à la religion catholique, Mama Fa envisage pour mon avenir l'accès à la plus noble des fonctions.

Désormais, je passe presque plus de temps à l'église qu'à l'école. Heureusement, j'ai toujours la permission de voir ma tante. Kate a trouvé un subterfuge pour que je continue à porter ses habits. Elle organise des *shows* pour mes cousins et moi. Nous devons chanter, danser et, dans ce contexte, il semble naturel que nous échangions nos vêtements contre les siens. Pour ma grand-mère, l'honneur est sauf. Les robes de Kate deviennent des déguisements. Ainsi, l'ombre de Miss Steeve disparaît. Et si, par inadvertance, quelqu'un entre dans la maison, Mama Fa pourra dire que nous nous amusons...

Ma grand-mère m'aime en silence, déchirée par sa vision manichéenne de l'existence. Ma tante Kate m'aime, tout simplement, et ne craint ni de me le montrer, ni de me le dire. Ma grand-mère ne peut se dégager du poids de la religion, Kate a l'âme rebelle. Elle encourage ma vocation artistique. Elle ne voit pas en moi une future graine d'homosexuel mais un jeune garçon épris d'esthétisme. Ma tante ne classe pas les êtres humains en deux catégories : les bons et les méchants. Elle ne dresse pas de hit-parades des qualités et des défauts. Sa curiosité de l'être humain et sa liberté de pensée me tirent vers le haut lorsque ma vie d'écolier devient trop lourde à porter, ou lorsque ma grand-mère me punit sans raison objective. Je « tiens » grâce à sa présence, grâce à ces week-ends où, soudain, je deviens un petit garçon presque comme tous les autres.

Kate développe mon intellect. Elle rapporte de la capitale et du journal où travaille son père des livres, des magazines, des jeux qu'elle me remet en cachette. Elle a une vingtaine d'années et une maturité hors du commun. C'est elle qui m'incitera à cultiver ma différence, à l'accepter. Elle ignore qui est Jean Cocteau mais, sans le savoir, elle me transmettra l'un de ses credo : « Ce que l'on te reproche, cultive-le, c'est toi... »

Sa présence, éclatante, n'est pas du goût de tous. Ma tante Sonia passe le plus clair de son temps à la dénigrer.

– Kate n'est pas une fille bien, profère-t-elle de sa voix de sorcière.

Et moi d'oser rétorquer :

– Titie Kate est une fée...

Sonia hausse les épaules :

– Tu es un petit garçon stupide, les fées n'existent pas...

Ma grand-mère s'interpose et se voit obligée de donner raison à Sonia, mon aînée. Je reçois devant tout le monde une paire de claques magistrale.

– Un garçon ne parle pas de fées et de choses comme ça. Demain tu iras te confesser.

Sonia aime semer la zizanie. Elle excelle dans les intrigues en tout genre. Et elle a tout son temps pour ça. Terriblement aigrie par son aspect physique, elle n'a pas d'homme, elle a renoncé depuis longtemps à exercer une profession – pourtant rien ne l'en empêche, sauf cette bosse qui la rend peu gracieuse – et reste à la maison toute la journée. Je crois que je lui dois bon nombre de raclées distribuées par ma grand-mère sur de fausses informations. Sonia est le type même de la personne qui se réjouit du malheur d'autrui. Elle ne vit que dans l'attente de scènes, de polémiques, de drames. Plutôt que de calmer une situation, elle l'envenime en l'agrémentant d'épisodes nés de son imagination. Je me sens détesté, et mon père en rajoute. Il vient souvent nous voir, moi et mon petit frère Anthony, le deuxième enfant qu'il a eu avec ma mère. Il se montre désagréable, hostile et méprisant à mon égard. Je suis différent, il le sait, il le voit et le refuse. Je ne suis pas le petit garçon qu'il voulait avoir. Son affection, il la donnera à Anthony, qui lui renvoie le reflet de l'enfant qu'il était au même âge. Pourtant je ne lui en tiendrai jamais rancune. J'ai appris tout seul les vertus du pardon. Et je sais déjà au fond de mon cœur de gosse incompris que « pardonner c'est aimer ».

*
* *

Un soir, mon père débarque à la maison surexcité.

– Qu'est-ce qui t'arrive ? demande ma grand-mère d'un air soupçonneux.

– Je vais me marier ! annonce-t-il.

– Ah ? Et avec qui ? demande Mama Fa sur la défensive.

Cette fois-ci, mon père a fait le « bon choix ». L'heureuse élue a six ans de moins que lui, elle est belle et claire de peau, sa famille est aisée. Mon père a trente ans et une envie soudaine de se « stabiliser » ! Seule ombre au tableau : sa fiancée ignore tout de son passé... Nous ne sommes pas conviés à la noce. J'enrage, car je rate une occasion de porter de jolis habits... Qu'importe, ma grand-mère jubile ! Son fils épouse une fille de la bonne société.

Moins de six mois plus tard, la mariée est enceinte et donne bientôt le jour à mon petit frère, Donovan. Mais à quelques semaines d'intervalle naît un autre enfant, ailleurs bien entendu : les bonnes résolutions du Coq n'auront même pas duré une saison... Les embrouilles commencent. À peine informées de son récent mariage, les maîtresses de mon père se présentent au domicile de la jeune épouse naïve. Elles lui balancent la vérité, sans ménagements. Son mari a d'autres enfants, d'autres femmes. Il est hors de question que celles-ci se voient privées de leur pension. La jeune épouse, consternée par ce qu'elle apprend, donne de l'argent sans se faire prier.

Mon père, sans rien dire à personne, s'est bâti une nouvelle maison. Il a abandonné ses rêves musicaux à deux sous pour se consacrer à la mécanique, la maçonnerie et la construction, domaines où il excelle. Il déserte le domicile conjugal et renvoie tout son petit monde à son port d'attache : Mama Fa. Ma grand-mère, une fois encore, récupère enfant et argent ! Et, grande première, la maman en plus ! Si pour ma part je suis ravi d'avoir un nouveau petit frère, ma tante Sonia devient ivre de rage et entre en guerre ouverte avec la mère de Donovan. Les intrigues redémarrent de plus belle. Sonia harcèle sans relâche la nouvelle venue. Tant et si bien que celle-ci, sur les conseils de ses parents qui ne comprennent pas la situation, décide de retourner chez elle.

Le roi Elcock, fatigué des nombreux allers et retours qu'il effectue entre Castries, la capitale où il vit, et Canaries, le village où nous sommes installés, décide sur un coup de tête de procéder à une réorganisation, changement qui lui rendra la vie plus facile. Et comme d'habitude, il pense « moi d'abord », les autres après. Caprice d'enfant gâté, il veut sa mère et sa tribu près de lui, pour ne pas dire collés à lui. Il veut pouvoir à tout moment voir sa tribu, mais aussi apporter son linge à Mama Fa et faire travailler sa progéniture si besoin en est. Il est vrai que ses affaires vont bon train et qu'il se montre doué pour obtenir le meilleur *deal*. Mécanicien de talent, il répare une voiture et se fait payer en lopins de terre, par exemple. À l'occasion il nous embauchera nous, ses enfants, avec la promesse que nous hériterons plus tard de toutes ces maisons qu'il construit ! Esclaves nous sommes, esclaves nous devons rester.

C'est ainsi qu'un soir, ou plutôt au milieu de la nuit, toute la famille est réveillée par un crissement de pneus devant la maison. Mon père surgit tel un diable hors de sa boîte et nous ordonne de plier bagages. Encore tout ensommeillé, j'assiste à une scène surréaliste mais je suis heureux. Nous allons enfin nous installer dans la capitale ! Naïvement, je m'imagine que mon père nous a organisé une autre vie. Par la suite j'apprendrai que ma grand-mère était au courant de la venue de son fils et qu'elle avait exigé que le déménagement se fasse en pleine nuit, pour que les voisins n'en soient pas informés... Toujours cette fameuse peur du « qu'en-dira-t-on ».

Nous voilà donc partis, transportant sur notre dos meubles, matelas, matériel de cuisine, vêtements, jusqu'à la voiture. Mon père, qui n'a aucun sens pratique, est venu avec une simple camionnette. Nous devons donc abandonner sur place tout ce qui ne nous sera pas d'une utilité première. Peu importe, je suis super excité. Tout le monde prend place dans le *« truck »* de papa et nous voilà lancés, hors de cette cambrousse, sur les chemins cabossés qui nous conduisent – je n'en doute pas un instant – vers un ailleurs forcément idyllique. Une « vraie » maison avec chacun sa chambre, l'eau courante, une salle de bains et non plus une rivière immonde pour faire ses besoins mais de « vraies » toilettes ? Pourquoi pas ? Le voyage est pénible. Trois heures de route sur une chaussée défoncée, trempée par une pluie torrentielle. Pour couronner le tout, la camionnette de mon père a perdu l'un de ses feux à l'avant. Le pare-brise est souillé par un mélange de pluie, de boue, de feuilles et de brindilles. Je prie le Ciel pour que le Coq retrouve son chemin (et le nôtre) et nous conduise enfin à la merveilleuse demeure que j'ai dessinée dans ma tête durant tout le voyage.

Enfin nous arrivons. Et là je reçois ce que je vois comme un coup de poignard en plein cœur. J'ouvre la portière du camion et je pose mes pieds dans une boue immonde, tragédie pour moi qui ne supporte pas la saleté. Incrédule, je contemple le décor de notre nouvelle vie.

– *Oh brother* !

Tout ça pour ça ! Un mélange de fatigue et de consternation me coupe le souffle.

Nous venons de quitter une petite maison en bois et en tuiles, modeste mais propre, pour une autre maison en bois, sans tuiles, et encore plus petite, avec un jardin de la taille d'un mouchoir de poche et pas de balcon ! Je suis atterré. Où est Castries avec ses lumières, ses boutiques de mode, sa rue principale et ses magasins ? Je ne vois que des arbres riquiqui, une campagne moche et sinistre, pas de voisins et cette *fucking wooden house* qui semble me narguer. Furieux de m'être ainsi laissé duper une fois de plus par mon père, j'essuie la boue qui coule le long de mon pantalon. J'espère de tout mon cœur vivre un cauchemar. Ce trou à rats sans eau courante – j'ai tout de suite aperçu le puits, à quelques mètres – ne peut nous être destiné. Certes mon père ne prend pas toujours les bonnes décisions, mais de là à nous imposer ce taudis... La voix de ma grand-mère claque dans la nuit noire, me confirmant l'horrible réalité :

– Il est tard, au lit tout le monde !

*

* *

Bizarrement, c'est le lendemain même que j'ai commencé à réclamer ma mère. J'ai à présent presque huit ans et je sais qu'elle vit dans la capitale. Je veux la revoir. J'en ai besoin. Je demande qu'on m'emmène chez elle. La réponse tombe, comme un couperet :

– Je t'interdis formellement de parler de ta mère dans cette maison. Tu n'iras pas !

Je pleure, je me roule par terre, je crie. Je dis que je m'enfuirai pour aller retrouver maman. Ma grand-mère ne s'émeut pas pour autant. Je suis un enfant et un enfant n'a aucun droit. Je dois par ailleurs faire face à un autre problème : le changement d'école.

En fait de changement, dans ce nouvel établissement, je suis toujours considéré comme une bête curieuse. Ma différence attire toujours la haine et le mépris. J'ai des copines, pas de copains.

Heureusement Titie Kate vient nous voir plus souvent, puisqu'elle habite plus près. En revanche je dois supporter son père deux fois plus qu'avant puisque notre masure se situe en bordure de la capitale et non pas à des dizaines de kilomètres, comme notre précédente maison.

Quand l'amant de ma grand-mère arrive, tout le monde doit être au garde-à-vous. L'accès à la chambre de Mama Fa nous est plus que jamais interdit. Nous ne devons en aucun cas déranger cet homme. Pendant tout le week-end nous voyons Mama Fa s'affairer pour combler le père de Kate. Tel un pacha, celui-ci ne sort pas de la chambre, se fait servir ses repas au lit, devant la télévision, cette télévision dont nous sommes habituellement privés. Pourquoi ? Parce que l'électricité coûte cher et que ma grand-mère contrôle sévèrement les dépenses. Lorsqu'elle a décidé de se coucher, elle éteint toutes les lumières et personne ne doit s'aviser d'en rallumer une. Pourtant, quand son homme est là, le budget de la maison explose sans problème... Mama Fa protège farouchement son intimité et quiconque aurait l'insolence de franchir la ligne de démarcation se verrait fouetté jusqu'au sang.

Mon issue de secours, c'est la maison de mon père, qui se trouve sur la colline, à cinq minutes à pied. Mon obsession de revoir ma mère ne me quitte pas. Puisque ma grand-mère persiste dans son refus, j'essaie de faire fléchir le Coq. Et contre toute attente, un jour, celui-ci consent à m'emmener voir maman. En contrepartie, il me faudra lui filer un coup de main sur ses multiples chantiers. « Lui filer un coup de main », comme il dit, signifie que je devrai me lever à l'aube pour aller voler du sable sur la plage, sable qu'il mélangera avec du ciment pour faire des briques. Il faudra aussi que je me coltine des jerricans d'eau et bien d'autres objets, trop lourds pour mon dos fragile. Je déteste cette idée, en partie parce que ma constitution physique se prête peu à ce genre de tâche, mais aussi parce que je n'aime pas enfreindre la loi pour satisfaire les fantaisies de mon père. Mais je n'ai pas le choix. Avec le Coq, tout se « deale » : l'amour comme le reste. J'accepte.

Les retrouvailles sont émouvantes. Ma mère vit avec ma grande sœur, Cyrina – un des enfants qu'elle a eus avant de rencontrer mon père –, qui ressemble à une vraie petite *Barbie doll.* Victoire, l'ex-reine de beauté, n'a pas remplacé le Coq par un autre homme et répond toujours présente quand il n'a personne d'autre sous la main. Elle occupe un emploi de vendeuse et fait des ménages à droite et à gauche. Elle ne fume plus et semble vraiment zen, pas aigrie. Je reconnais en elle cette dignité, cette classe qui est, je le crois, la marque de fabrique de notre famille, tant du côté de mon père que de son côté à elle. Je réalise que cette femme qui se trouve en face de moi est ma mère. Dans ses beaux yeux noirs, ni remords ni regrets. Dans mon cœur de gosse, pas de rancune. Je mesure l'absurdité de la cassure entre ma grand-mère et elle. Elles auraient pu s'entendre, j'aurais été comblé...

Je n'ai guère le temps de m'épancher sur ce gâchis. Mon père est pressé. Son travail, ses nombreux chantiers en construction, ses maîtresses... Au bout d'une dizaine de minutes, il regarde sa montre et me dit :

– OK, tu as vu ta mère, maintenant on s'en va.

Dix minutes d'amour, c'est largement suffisant pour lui, mais très frustrant pour moi. Et pour ma mère ! C'est ma sœur Cyrina, à la demande de celle-ci, qui va mener l'enquête et découvrir où j'habite. Et ma grand-mère va se retrouver ballottée entre sa volonté de tenir ses distances et l'idée qu'elle peut me perdre à tout moment en m'empêchant de voir l'auteur de mes jours. J'ai huit ans et, si je n'ai pas droit à la parole, j'ai droit à des actes. Fuguer peut en être un. Mama Fa accepte donc de me confier à ma mère, à doses homéopathiques. Ce sera de huit heures du matin à six heures du soir, un jour par semaine. Point trop n'en faut.

L'ombre menaçante de Miss Steeve plane toujours sur le décor. Et mon cœur d'enfant de chœur bat toujours pour les mêmes rêves... Comment pourrait-il en être autrement ? Je suis entouré de princesses. Et même si certains machos tentent de leur faire de l'ombre, elles illuminent de leur présence mon ciel parfois bien gris. Ma grande sœur devient ma deuxième idole après ma tante Kate. Je la vois le plus souvent possible. Ensemble nous habillons ses poupées, ensemble nous commençons à coudre, travail supervisé par ma mère. Ma mère, modèle de tolérance. Elle ne me juge pas. Elle ne me trouve pas « anormal ». Elle comprend mes projets, les défend avec une ferveur qui m'émeut.

– Tu sais, mon fils, me dira-t-elle un jour, quand j'étais jeune fille je passais tout mon temps avec des garçons comme toi...

Elle ajoutera même, en riant :

– Quand j'étais enceinte de toi, un ami un peu efféminé a posé sa tête sur mon ventre. Qui sait ?

Au fil de ces moments passés avec elle, je découvre une femme exquise, douce, au cœur plein d'amour, cet amour qu'elle n'a pas pu manifester à ma naissance à cause du malheur et des coups...

Et la vie continue. Mon père n'est pas le seul à semer des graines et à en rapporter le fruit à sa mère. Il rêvait d'une équipe de foot, à présent il en a presque deux et s'en vante auprès de ses amis :

– Tu as vu tous ces enfants que j'ai ? Pas mal, hein ?

Ses frères, mes oncles, ont adopté la même « équipe de foot attitude ». Tous les trois mois environ, l'un d'entre eux débarque à la maison avec un nouveau venu dans les bras. Nous sommes bientôt une dizaine à survivre sous le même toit, avec une Sonia plus ombrageuse que jamais. Et les coups pleuvent. Dans ma famille on cogne fort, devant témoins, même si le témoin est un bébé. Ainsi mon petit frère Donovan, alors âgé de trois ans, assiste à des bagarres sanglantes. Mon père met de nouveau enceinte sa mère, qui accouche bientôt d'une petite fille, La Toya. Mais la maman de Donovan, épuisée physiquement et moralement, ne peut assumer la charge de ses deux petits. Elle quitte l'île, seule, et ne reviendra jamais. Dans le même temps ma cousine Cynthia, une autre « graine » rapportée au bercail, est la première à faire ses bagages. Tous les enfants suivront à quelques années d'intervalle. Seule Sonia restera, ravie d'avoir enfin récupéré le premier rôle auprès de ma grand-mère.

Mon père cherche vaguement, très vaguement, une nounou pour les deux gamins qui lui restent sur les bras... Pour des raisons que j'ignore, il ne veut plus confier sa progéniture à ma grand-mère, comme il avait pris l'habitude de le faire. Il n'est pas non plus pressé de donner de l'argent à une baby-sitter. Tout naturellement, le sort me désigne : je deviens alors chef de famille. Je suis âgé d'une dizaine d'années et j'ai l'impression d'être une sorte de trois en un : à la fois un grand frère, un père et une mère. Je dois veiller sur mon petit frère Donovan et ma petite sœur La Toya. Je passe mes journées à courir entre les deux maisons – celle de mon père et celle de Mama Fa – tout en poursuivant mes études. Incroyable mais vrai : je brille à l'école, comme si une force surhumaine et indestructible m'habitait. Je ne peux me permettre de craquer. Téléguidé par une sorte d'instinct, je donne le biberon, je change les couches, je lave, je nettoie, le tout sans jamais me plaindre. Moi, l'enfant prématuré, venu au monde par un coup de pied dans le ventre, je prends à bras-le-corps la vie de mes cousins et la mienne. Le soir, je dois encore vérifier que tout va bien dans la maison de mon père. Lui n'est jamais là. Il s'en remet à moi et à ma grand-mère.

Malgré un emploi du temps acrobatique, je continue à voir régulièrement ma tante Kate. Elle est mon oasis, mon secours quand je m'écroule, cassé par des journées trop lourdes et des nuits trop courtes. Je deviens insomniaque (je le suis toujours) par peur de ne pas être à la hauteur de ce rôle que je me suis attribué. *Mon Dieu, aidez-moi, j'ai péché par orgueil, c'est ma faute, ma très grande faute...* Je me réveille la nuit, en sueur, rongé par un sentiment de culpabilité : j'ai dormi quelques heures alors que je suis supposé veiller sur deux bébés.

Kate... Elle est toujours là au bon moment pour me parler, me rassurer. Au milieu de toute cette agitation, je ne me suis même pas aperçu qu'elle changeait, que la petite jeune fille devenait une femme, admirée et admirable.

Et un soir, un peu avant le dîner, cette nouvelle Titie Kate, plus sûre d'elle, encore plus belle et plus élégante que d'habitude, arrive à la maison. Devant nous, les enfants, elle annonce à ma grand-mère qu'elle a rencontré un garçon qu'elle souhaite épouser. Scandale ! Kate, oubliant les règles élémentaires de la bienséance, s'est laissée aller à parler d'un sujet complètement tabou devant ses neveux et nièces. Mama Fa, scandalisée, nous fait tous sortir, en lançant d'un ton grave :

– Les enfants, dehors ! Conseil de famille, tout de suite, avec les plus âgés.

*
* *

Kate est amoureuse, très amoureuse. Elle me le dit, se confie, avec un mélange de candeur et de pudeur absolue, et je l'écoute, émerveillé. Ma tante préférée, ma déesse a trouvé l'amour... Je suis heureux.

Ma grand-mère donne une énorme réception pour annoncer les fiançailles. À Sainte-Lucie, tous les prétextes sont bons pour faire la fête. Six mois plus tard, tout est fini. Mama Fa, pour une raison ignorée de tous, a décidé que ce garçon n'était pas bon pour sa fille. Ma tante, qui est alors très courtisée, sèche ses larmes et revient à la maison avec un autre candidat potentiel. Cet homme travaille pour le gouvernement de Sainte-Lucie mais vit en

Allemagne. Socialement c'est une aubaine pour la famille, seulement lorsque ma grand-mère réalise que Kate devra suivre son futur mari outre-Rhin – autant dire, pour nous, à l'autre bout du monde –, elle met fin à la relation. Une nouvelle fois, ma tante se retrouve sans fiancé.

À l'approche de la trentaine, Kate se voit mal dans le rôle de vieille fille. Elle est belle, intelligente, vive et brillante. Elle veut se marier et avoir des enfants. Mais ma grand-mère se montre exigeante. Le futur mari de sa fille devra vivre à Sainte-Lucie, avoir une position sociale importante, de l'argent, une maison et une respectabilité sans failles...

Jamais deux sans trois, dit-on : le troisième sera le « bon ». Oh Kate, *my Kate*, *my princess*... Tu étais si heureuse à l'idée de ce mariage « conte de fées » dont j'avais tellement envie que tu sois l'héroïne !

Il s'appelait Matthew...

– Deuxième partie –

LA BLESSURE

– 1 –

FAUX-SEMBLANTS

Matthew L. entre chez les Elcock par la grande porte. Il est le rédacteur en chef du quotidien *The Voice*, où travaille aussi le père de Kate. Cette recommandation suprême lui permet de ne pas subir l'examen de passage, test redoutable auquel ont été soumis les ex-prétendants de ma tante. Il est supposé être tout ce que Mama Fa recherche pour sa fille. Son intelligence, sa bonne éducation, son sens des valeurs, sa droiture, sa position sociale et son influence, toutes ces choses sont acquises. Ma grand-mère, folle de joie, est certaine d'avoir trouvé le meilleur gendre qui soit. Elle convie aussitôt cet oiseau rare à la maison. Nous sommes écartés de cette première rencontre et de celles qui vont suivre. Car Matthew devient un habitué des lieux. Il est clair qu'il va épouser Kate. Il fait désormais partie de la famille, et ma grand-mère agit exactement comme elle agit avec son amant, le père de Kate : elle le soustrait à nos yeux comme s'il s'agissait d'un véritable trésor... Quand il vient à la maison, nous sommes absents ou enfermés dans la chambre de tante Sonia avec l'interdiction absolue de pointer le bout de notre nez. J'ai du mal à accepter cette situation. J'avais pris l'habitude d'avoir ma tante pour moi tout seul et voilà qu'un homme me l'enlève. Je ne comprends pas pourquoi je me retrouve soudain privé de la présence de ma Titie Kate. Elle va se marier, certes, mais est-ce une raison pour m'empêcher de la voir ? Dans mon esprit d'enfant règne la plus grande des confusions. Le mariage est-il une chose si terrible, si grave que cela vous prive soudain des êtres qui vous sont chers ? Comme d'habitude, je fais les questions et les réponses tout seul. J'appréhende déjà de rencontrer cet homme qui m'a pris l'affection de ma tante préférée. Jalousie de gamin ? Sans doute. Mais il y a autre chose. Une sorte de malaise que je ne m'explique pas, moi qui suis, tout de même, si heureux de voir ma *Barbie Doll* accéder à la vie qu'elle mérite... D'une certaine manière, aujourd'hui, je me dis que j'ai hérité de ce don de clairvoyance que possédait ma grand-mère. Elle devinait et anticipait bien souvent les événements. Mais là, elle n'anticipe rien du tout. Elle est sur un petit nuage, entièrement occupée à préserver ce trésor que vient de dénicher sa fille.

Heureusement, Kate veille. Après avoir été à la merci de Mama Fa, elle se trouve désormais en position de force. Elle va épouser l'un des meilleurs partis de la ville. Elle profite de cet avantage pour réclamer ma présence auprès d'elle. Ma grand-mère ne peut pas lui refuser cette faveur. Mama Fa, aveuglée par la pensée de devenir, par procuration, l'une des femmes les plus enviées et les plus respectées de Sainte-Lucie, consent à « me prêter » chaque fois que Kate en manifestera le désir. Attitude paradoxale pour une femme qui revendique sa foi ! Elle pèche par orgueil sans même s'en rendre compte. Au Diable les règles divines, un autre Sauveur se profile à l'horizon, et celui-là est en chair et en os. Il a de beaux habits, de la classe, il a fait des études supérieures, il écrit des articles sur la politique dans le quotidien le plus réputé de la ville, que demander de plus ? Pas question de laisser filer cette proie inespérée, cette poule aux œufs d'or. L'argent et la notoriété font basculer ma grand-mère dans une servilité naïve. Matthew par-ci, Matthew par-là, quand elle prononce son nom sa voix devient suave, mielleuse. C'est une voix inconnue de nous, ses petits-enfants. La Mama Fa qui distribue des ordres d'un ton sec se fait minuscule devant cet homme. Elle ne se comporterait pas autrement si elle accueillait chez elle un chef d'État.

Ma grand-mère est tellement excitée par cette future union qu'elle se montre très prudente. Elle ne donne pas de fête, elle enveloppe cette relation naissante dans le papier d'argent du secret, domaine où elle excelle. On ne dit rien à personne, on se tait, pour ne pas risquer de faire capoter l'affaire du siècle. Avec une superstition proche de la paranoïa, Mama Fa œuvre dans l'ombre pour mener à terme *le* projet de sa vie : l'union sacrée de sa fille avec un prince des temps modernes.

Ignorant tout de ce qui se trame, je coule des jours heureux sur mon petit nuage retrouvé. Finalement, ce futur mariage s'annonce plutôt bénéfique puisque je vais voir ma tante deux fois plus qu'avant. Et désormais, ce n'est plus elle qui va venir passer les fins de semaine chez nous, c'est moi qui irai chez elle !

*
* *

Je rencontre Matthew lors d'un week-end chez le père de Kate. Les présentations se déroulent sans problème. Pourtant je suis un peu étonné, voire franchement déçu par l'apparence physique de cet homme. J'imaginais pour ma *Barbie* un *Ken*, un prince zéro défaut emportant ma *movie star* sur son cheval à la blancheur immaculée... Et voilà que je me retrouve face à un type petit et râblé, très foncé de peau, looké « black intello ». Mon sens de l'esthétisme en prend un coup. Je décide néanmoins de m'exhiber sous mon meilleur jour. Par respect pour Kate, qui a droit au bonheur après plusieurs tentatives déçues. Matthew, pour sa part, se montre excessivement gentil et accueillant, sans doute parce qu'il sait que je suis le neveu préféré de ma tante, mais aussi parce que ce côté avenant fait partie de sa personnalité. Je sais que cet homme est le dernier recours de Kate. Inconsciemment, je suis conditionné par l'idée que je dois me comporter comme un petit garçon bien éduqué, désireux de ne causer aucun problème, un petit garçon dont le seul souci doit être le bonheur à venir de sa tante adorée.

Je n'ai pas de mal à me montrer docile, gentil, calme. En plus d'être avenant, non seulement avec moi mais également avec les autres membres de ma famille, Matthew déborde d'affection et ne rechigne pas à le montrer. Il aime Kate et pose sur moi un regard bienveillant. C'est un homme tactile qui embrasse volontiers pour dire « bonjour », qui n'hésite pas à prendre la main de ma tante dans la sienne pour la caresser. Et moi, je regarde tout cela d'un air ébahi. J'ai reçu tellement de coups, tellement d'insultes que je reste sous le choc de ces signes extérieurs de tendresse. Bien sûr je sais que des mains peuvent caresser, des bras étreindre, mais j'ignore que le fait de le montrer, de l'afficher, n'est pas un crime. L'amour et le sexe sont tabous à Sainte-Lucie, et voilà que le fiancé de ma tante, cultivé, raffiné, installé socialement, met le feu aux convenances en affichant clairement ses sentiments. Incroyable mais vrai, je me mets à apprécier cet homme, je me dis même que Kate a eu beaucoup de chance de le trouver sur son chemin !

Lors de ce premier week-end, Matthew se met en quatre pour ma tante et pour moi. Nous allons nous promener dans sa belle voiture, il nous offre de petits cadeaux. Kate sourit, Kate rit aux éclats. Et moi je nous regarde être heureux. Le dimanche soir, lorsque Matthew me ramène à la maison, je me couche avec des images roses plein la tête. Et lorsque je dis ma prière, je n'ai aucun mal à trouver les mots : *Thanks God*, *merci mon Dieu* pour ces merveilleux moments que je viens de passer...

– 2 –

LE PRINCE CHARMANT

Le fiancé de Kate ne fait pas encore officiellement partie de la famille, néanmoins nous sommes autorisés à l'appeler *Uncle Matthew*. Comme prévu, je prends l'habitude de me rendre presque tous les week-ends chez ma tante. Et je m'aperçois que les mains « caressantes » d'oncle Matthew ne sont pas réservées à Kate. Elles s'égarent sur mes reins, sur mon ventre, sur des endroits intimes que l'on ne doit pas toucher. J'en éprouve une honte silencieuse, résignée. *Un enfant à Sainte-Lucie n'est pas un enfant en France. Un enfant de douze ans en France sait déjà beaucoup de choses. Un enfant de douze ans chez nous n'a douze ans que pour l'état civil. Dans la vie quotidienne il en a six, et une seule certitude : il doit obéir, subir, se taire. Comme s'il savait, d'instinct, que ces turpitudes sont monnaie courante dans l'île. Alors je me tais.*

Quand il vient chez ma grand-mère, Matthew cherche par tous les moyens à se retrouver seul avec moi. Ce n'est pas si évident, car le lieu est exigu et la famille nombreuse. Il reste à parler avec Mama Fa tout en guettant le moment propice à un tête-à-tête avec moi. Je l'observe, je le vois chercher une misérable petite combine, un prétexte fallacieux pour obtenir ce qu'il veut. Me toucher, encore et encore, me prendre sur ses genoux et s'exciter tout seul. Je ne sais rien du désir et du sexe, cette ignorance est voulue par la société et donc par la famille. Cependant, une petite voix en moi me dit que tout cela est bizarre, anormal. Mais comment oserais-je me rebeller ? Provoquer la colère de cet homme dont ma grand-mère attend tout, et mettre de la sorte en péril le bonheur de ma tante ? Si ces attouchements peuvent contribuer à la paix familiale, je dois m'y soumettre. Me « sacrifier ». *Ravage de la religion mal inculquée, poids de la cupidité, Saint Lucia, pray for me*... Il ne faut pas que ce mariage casse.

Et le mariage a lieu. Comme il se doit, la cérémonie est grandiose, digne de figurer dans un catalogue *special weddings*. Mon héroïne porte une robe sublime et, lorsque le prêtre lui demande si elle consent à prendre pour époux Matthew, des larmes de bonheur coulent le long de ses joues. Pour Elrifa Elcock, c'est aussi le plus beau jour de sa vie. Si elle le pouvait, elle répondrait « oui » à la place de ma tante. Ma tante qui va s'installer dans la magnifique demeure de Matthew, à Entrepot, un petit village au sommet d'une colline. C'est sûr, *ils vivront heureux et auront beaucoup d'enfants*... Et tout ce petit monde nage dans un océan de bonheur.

Décor démonté, confetti oubliés, beaux habits ôtés, les lendemains ne chantent guère. Ils se contentent de reprendre l'un des couplets, celui où je suis pris en otage par le mari de ma Titie Kate. Les jours passent, les mois passent. Plus que jamais l'école – ou plutôt le lycée puisque je viens d'entamer mes études secondaires – est mon refuge. Chose étrange, le seul établissement où je suis accepté, probablement à cause de mon côté féminin, est un lycée adventiste mixte payant ; les parents, en plus de la cotisation annuelle, doivent verser un tiers de leurs revenus à cette Église. Mon père, dont les affaires sont alors florissantes, paye sans discuter. J'en suis heureux car j'appréhendais de me retrouver dans une école réservée aux garçons. En revanche, je dois me plier à des règles draconiennes. La pression de cette « nouvelle » religion est plus forte, encore plus culpabilisante que le catholicisme traditionnel, avec une notion du devoir exacerbée. Dans la religion catholique un péché est un péché, chez les adventistes un péché est une abomination. Messe le vendredi, prière trois fois par jour, jeûne le samedi... Le lycée est loin de la maison : quarante minutes aller, quarante-cinq minutes retour (cinq minutes de plus, pour respirer !) J'y vais à pied, on ne me donne pas de sous pour prendre le bus. Lorsque mon père – fait exceptionnel – me donne un peu d'argent de poche, ma grand-mère s'en empare aussitôt, soit pour acheter de la nourriture, soit pour le donner à l'Église...

Heureusement, j'ai auprès de moi une de mes cousines, Mary-Rose, et une copine, Daphné, qui a mon âge, douze ans. Malgré des conditions difficiles – mes douze ans accusent le poids de toutes mes responsabilités –, je continue à être brillant en classe. Je continue aussi à m'occuper de mon frère Donovan et ma sœur La Toya. À présent j'emmène Donovan à l'école et c'est un casse-tête, car cette école se situe à l'opposé de la mienne. Je n'ai jamais autant marché qu'à cette époque... Donovan, qui est un enfant adorable, vraiment très sage, devient mon petit confident. Je lui parle. Il ne comprend pas, il ne peut rien pour moi, mais il m'écoute et cela me fait du bien, c'est ma soupape de sécurité pour les jours où je sombre.

Je sublime ma souffrance et mes « pourquoi » sur les bancs de la classe, refoulant ce sentiment de malaise que je sens peu à peu monter en moi. Le lycée est mon échappatoire. Il me sépare de Matthew, au moins pour une partie de la journée. Matthew qui, même si je l'ignore dans mon innocence, se rapproche de l'irréparable. Matthew à qui je ne peux pas dire non... Il n'est pourtant pas le seul homme à avoir posé sur moi ce regard avide. Je suis un jeune garçon de douze ans élancé, racé, efféminé et bien éduqué. Je plais aux hommes et bon nombre d'entre eux m'ont déjà fait des avances ou des clins d'œil aguicheurs dans la rue, mais il m'est facile de leur échapper : on m'a enseigné dès mon plus jeune âge à dire « non » aux étrangers, à ne jamais accepter de les suivre. Il m'est en revanche impossible de fuir mon oncle.

Un monsieur si « bien » ! Ironie du sort, comble de l'hypocrisie sociale, lui a tous les droits.

Matthew me convoite et, dès que nous sommes seuls, il montre de moins en moins de retenue. Il a la fièvre dans les yeux, dans le corps. Je ne peux soutenir ce regard chargé de ce je ne sais quoi qui déroute ma logique d'enfant. Le silence servant de paravent à ces égarements n'arrange rien. Au contraire, l'absence d'explications augmente ma douleur. Pour Matthew ce qui se passe est naturel, normal. Pas pour moi. Mais mes tourments doivent rester secrets. Je n'ai pas de quoi payer le prix de la vérité, le prix de ma souffrance. Chaque caresse m'arrache un frisson de dégoût. La fatigue aidant je me laisse faire, anesthésié, en état d'apesanteur, priant ce Dieu que je vénère d'abréger ces tortures.

Matthew n'est plus gentil, il est possessif. Il me fait bien comprendre qu'à présent je lui appartiens. Je suis sa chose. Ses mains se font pressantes, ses caresses vont droit au but. Exit les préliminaires, il se montre impatient, brutal.

Et moi, j'ai peur...

– 3 –

L'IRRÉPARABLE

Les « choses » se passent toujours au même endroit et toujours selon le même scénario. Matthew franchit la porte d'entrée, salue ma grand-mère qui est toujours assise à la même place, sur la même chaise. À Canaries son poste d'observation se situait sur le balcon, ici elle s'est rabattue sur la pièce principale. Cela pour expliquer que, dans la maison de Canaries, il aurait été plus difficile, peut-être même impossible, pour Matthew, de procéder à ses attouchements, parce que nous vivions sur la rue, toutes portes ouvertes... Le jour où mon père nous a débarqués dans cette misérable cabane, ai-je déjà pressenti ce qui s'y passerait ? Sans vouloir voir des signes partout comme autant de petits cailloux noirs, le fait est que dès le début j'ai pris en grippe cette maison. Certes il y avait un jardin avec un cerisier, mais rien autour, rien d'autre qu'une campagne ingrate, et surtout pas de voisins... Pas de voisins, pas de témoins.

Matthew, fidèle à son image de *perfect gentleman*, connaît l'art et la manière de mettre les personnages en scène pour diriger le film immonde de sa vie de faussaire. Il entre sans frapper – après tout, ne fait-il pas partie de la famille ? – et se dirige droit vers ma grand-mère. Il lui sourit, elle lui sourit. Image renversante. *Le criminel est accueilli à bras ouverts par la maîtresse des lieux, fervente catholique*... Ils parlent de tout et de rien. Oui Kate va bien, oui il fait lourd et ma grand-mère est tellement fatiguée de ne rien faire. Puis Matthew fait le tour de la maison. *Après tout, ne fait-il pas partie de la famille ?* Bien sûr il me cherche et bien sûr il me trouvera dehors, appuyé contre le cerisier, transi de peur.

– Vincent, tu es là ?

Et ma grand-mère de renchérir d'une voix autoritaire :

– Et alors, Vincent, tu n'entends pas que ton oncle Matthew t'appelle ?

Oh my God ! Oui j'entends. J'entends et j'attends. Une porte claque, une autre, le bruit de ses pas... Il est là. Tout en lui me révulse. Il est fort, laid, immonde... Déjà, dans ma petite tête d'enfant, je ne lui trouve aucune circonstance atténuante. Il m'embrasse... Je sens son haleine fétide contre ma bouche. J'ai envie de vomir mais je suis prisonnier de cet homme. Je lis dans ses yeux sombres qu'il jouit de ce pouvoir. Il me touche. Il se touche. Fin du film.

*
* *

Un jour, la nouvelle tombe. Ce n'est pas une nouvelle, à vrai dire. Juste une information parmi d'autres : Kate est enceinte. Kate attend un enfant de cet homme parfait qui boit largement plus que de raison, rentre du travail à des heures indues et court probablement après d'autres jeunes proies. Tout le monde est heureux. Sauf moi. D'instinct, je sais déjà qu'enceinte Kate va freiner les ardeurs de Matthew et donc se refuser à lui lorsqu'elle sera fatiguée ou de mauvaise humeur. Matthew se tournera alors vers moi, sa chose, et je me verrai dans l'obligation de subir ce manque. Indirectement, Kate m'inflige un supplice ! Ce qu'il ne pourra pas prendre chez elle, il viendra le prendre chez moi.

Et ce que je redoute le plus arrive. Alors que ma tante est enceinte d'environ six mois, ma grand-mère me convoque.

– Voilà, ta tante Kate est très fatiguée. Il va falloir que tu ailles passer quelques jours chez elle...

– Non, je ne veux pas !

Ma réponse fuse, catégorique. Aller vivre chez ma tante, c'est me livrer jour et nuit à Matthew, c'est abdiquer, descendre encore quelques marches sur le chemin de ma dignité bafouée.

Ma grand-mère perçoit dans ce refus un simple caprice de gosse mal luné.

– Tu iras ! réplique-t-elle.

La discussion est close. J'obéis. Je fais mon sac. J'emporte quelques vêtements, mes affaires de classe et mon petit coussin d'enfant. Bien sûr, je suis heureux de retrouver Kate ; elle se montre ravie de m'avoir à son côté pendant les derniers mois, difficiles, de sa grossesse. Mais quelque chose est cassé. Préoccupée par ses responsabilités de future maman, ma tante ne perçoit pas mon malaise. Le temps où nous parlions chiffons avec passion me semble appartenir à un passé incertain. Le présent, en revanche, est rempli de tristes certitudes.

Lorsque ma tante est présente, Matthew joue à la perfection son rôle d'époux et d'oncle, il nage dans la « normalité » avec une maîtrise écœurante. Dès que Kate a le dos tourné, il pose ses sales mains sur moi. Si mes jours sont à peu près tranquilles – je veille sur Kate et je m'occupe de la maison –, mes nuits deviennent horribles. Matthew rentre de plus en plus tard, saoul le plus souvent. En se couchant de bonne heure, Kate n'imagine pas dans quelle angoisse elle me plonge...

La maison de ma tante, de style colonial, est construite sur deux niveaux. Elle donne sur la rue. Le soir, lorsque toutes les lumières des maisons alentour sont éteintes, les réverbères continuent de distiller leur lumière d'un jaune pisseux jusqu'à une heure avancée de la nuit. Cette lueur tremblotante éclaire faiblement les deux chambres, celle de ma tante et la mienne, situées au premier étage. Quand mon oncle rentre, pleins phares, avec sa voiture, le premier étage s'éclaire comme si quelqu'un avait appuyé sur tous les interrupteurs de la maison. Ma tante se réveille, puis se rendort en général assez vite.

Un soir je me trouve en bas, dans la salle à manger. Il est environ vingt-deux heures. Je viens de dîner avec Kate. Elle est montée se coucher et moi je me suis installé devant la télévision, dans le salon. Comme tous les soirs, j'ai la peur au ventre. Je regarde d'un œil distrait un film ou une série que j'aurais suivis avec passion, avant, lorsque les choses étaient normales. Mais cet avant ne reviendra jamais et nous ne sommes plus dans la normalité. Et, soudain, j'entends un bruit de moteur. Mon oncle pousse la porte d'entrée. Je me concentre sur le film. Je dis « bonsoir *Uncle Matthew* » d'une voix crispée. Complètement recroquevillé sur le canapé, je n'ose même pas tourner la tête vers lui. Je préfère ne pas croiser son regard habité par le vice. Il s'approche de moi, pose sa main sur mon épaule :

– Alors, mon garçon, tu as passé une bonne journée ?

J'acquiesce en silence. Je bloque ma respiration, je me raidis tout entier pour supporter le contact de sa peau moite. Il s'assied à côté de moi, essoufflé, les vêtements en désordre. On dirait qu'il revient d'un combat de boxe. Avec un petit sourire avide, il soulève ma chemise de nuit, glisse une main dans mon slip et commence à me caresser. *Il entre en possession de sa chose.* Puis il s'agenouille devant moi, pose sa tête entre mes cuisses et met mon sexe dans sa bouche. Il me suce. Pétrifié de honte et de dégoût, je ne peux faire un geste. Le bruit que fait Matthew en me léchant me révulse. Ce bruit de salive restera très longtemps gravé dans ma mémoire. Je pense à ma tante qui dort au premier étage. Il ne faut pas qu'elle se réveille. Elle ne doit pas nous surprendre dans cette position obscène, dégradante, humiliante, criminelle.

Mon oncle, qui a perçu ma réticence, ôte mon sexe de sa bouche, se redresse et me chuchote à l'oreille :

– N'aie pas peur, ce sera notre petit secret à tous les deux, hein ?

Son haleine empeste l'alcool. J'ai l'impression que je vais mourir pour de vrai, là, tout de suite. Je crois même que j'appelle cette mort de toutes les forces qui me restent. Soudain il m'attrape sous les aisselles, me met debout comme un pantin et m'intime l'ordre de le suivre jusqu'à la cuisine. Il est costaud et se sert de sa force comme d'une arme surpuissante.

– On sera plus tranquilles, explique-t-il en refermant la porte derrière lui.

Brusquement il me courbe en deux, le ventre contre le réfrigérateur, et me pénètre avec une violence inouïe. La douleur est si intense qu'il me semble que je perds connaissance. Pourtant non, j'ai toute ma conscience : la douleur continue, c'est comme si une lame de couteau transperçait mes entrailles. Mes oreilles bourdonnent. J'enfonce mon poing dans ma bouche et je le mords jusqu'au sang. Enfin mon oncle se retire avec un grognement satisfait. Il se rhabille sans plus s'occuper de moi. Machinalement, et malgré mon extrême faiblesse, je me traîne jusqu'à l'évier. Je veux me laver, effacer immédiatement toute trace de ce qui vient de se passer. J'attrape un torchon au hasard, je fais couler l'eau. En me nettoyant, je m'aperçois que je saigne. Peu importe, l'essentiel est de faire disparaître le torchon. Je le roule en boule mais mon oncle s'en empare avec un petit rire moqueur :

– Ne t'inquiète pas, je m'en occupe...

Alors seulement je peux m'enfuir comme un voleur, sur la pointe des pieds. Arrivé dans ma chambre, je me jette sur mon lit et je pleure. J'ai tout perdu. Mon innocence, ma dignité, mon intégrité... Je m'endors à l'aube, dans un état de tourment extrême, car je sais que ce premier viol n'est que le début d'une longue, d'une très longue série...

*
* *

J'ai dit que je préférais mes *tomorrows* à mes *yesterdays*, c'est en partie vrai, sauf en ce qui concerne le lendemain de ce premier viol et des autres qui ont suivi. Ces lendemains-là ont eu et ont encore, lorsque je les évoque, un goût de cendre.

Au matin de la première offense, j'ai dû pourtant agir comme les autres jours : préparer le petit déjeuner de Kate, le mien, et faire semblant d'avoir faim. J'ai dû sourire, j'ai dû tricher, j'ai dû mentir. Oui le film de la veille était génial, non mon oncle n'était pas rentré tard, oui j'avais bien dormi, oui – vraiment – je me plaisais dans cette maison. Titie Kate... *Mon ange*, *my princess*...

Les jours qui ont suivi, j'ai fait travailler mon imagination pour trouver le moyen de rentrer chez ma grand-mère. Mais ces essais se sont transformés en malentendus, ma tante étant persuadée que je souhaitais rentrer uniquement pour ne pas les déranger et parce que j'étais inquiet pour Donovan et La Toya.

– Vincent, *please stay closed to me* ! Tu ne peux pas me laisser maintenant. Je vais bientôt accoucher et j'ai vraiment besoin de ta présence. Et puis ici tu es libre, tu peux faire ce que tu veux...

J'ai capitulé. Que pouvais-je lui dire ? Même si j'avais trouvé le courage de tout lui avouer, elle ne m'aurait jamais cru. Je serais passé pour un menteur. Kate m'aurait aussitôt réexpédié chez ma grand-mère et j'aurais reçu la correction du siècle. Non, il valait mieux se taire et supporter. Ainsi, les viols ont continué, chaque soir, dans des conditions identiques, sauf les week-ends où Matthew redevenait un mari prévenant, débordant d'attentions pour ma tante et ravi de devenir bientôt papa...

*
* *

Je crois pouvoir dire que j'ai vu le danger arriver. Je l'ai visualisé, je l'ai ressenti dans ma chair, dans mon âme. Quelque chose allait se passer. Quoi, je ne savais pas trop, tout ce que je savais c'est que ce péril était imminent et intimement lié à ma tante...

Une nuit, assez peu de temps avant l'accouchement de Titie Kate, je suis étendu sur mon lit, terrifié, le drap enroulé autour de mon corps comme un rempart. Une seule pensée m'obsède : « Je vais devoir encore y passer. » Naïvement, je me mets à réciter tout bas le *Notre Père*... Prier, c'est tout ce qui me reste. C'est la seule liberté qui ne m'ait pas été ôtée. Si Dieu m'entend, si Dieu existe, Il va m'aider, Il doit m'aider. Une portière claque. Des bruits de pas... La routine, en somme. *Que Votre nom soit sanctifié, que Votre règne arrive, sur la Terre comme au Ciel, donnez-nous aujourd'hui notre pain quotidien...* Ma voix trébuche. Mentalement je localise mon oncle. Là, il est dans la cuisine. J'entends un bruit de vaisselle. *Pardonnez-nous nos offenses comme nous pardonnons à ceux qui nous ont offensés...* Il va se servir un verre, encore un... Pourquoi ? Pour tenter d'oublier le crime qu'il commet chaque soir, avec moi, et probablement avec d'autres enfants privés de défenses ? Maintenant, il monte. Je le sais, je le sens. Son pas se rapproche. Je serre les dents. Ma prière devient un cri que j'étouffe dans mon oreiller d'enfant. *Et ne nous soumets pas à la tentation... Mais délivre-nous du mal.*

Mon *Ainsi soit-il* meurt au moment où mon oncle fait irruption dans la chambre. Je pense à ma tante qui dort, juste à côté, si près et pourtant si loin. Pauvre Kate. Elle ignore que son sommeil est ma perte. Elle dort. Du moins je le crois. Plus tard, bien plus tard, j'apprendrai que les phares de la voiture l'avaient réveillée et qu'elle ne s'était pas rendormie, comme elle le faisait d'habitude... Matthew est saoul, évidemment. Il s'approche de mon lit. Je me redresse, sur la défensive, mais le combat n'aura pas lieu. Je suis à la merci de cette ordure, de ce criminel qui pue l'alcool. Je retiens mon souffle. Matthew arrache d'un coup sec le drap que je tiens serré contre moi. Et ses mains commencent à s'approprier mon corps. Il me force à ouvrir la bouche pour enfourner sa langue épaisse entre mes lèvres, m'embrasse, me suce, me pénètre avec ses doigts, puis avec son sexe. Je suffoque sous les effluves répugnants : mélange de transpiration, de sperme... Matthew s'acharne.

C'est alors qu'un cri nous surprend, lui à moitié dévêtu, sexe dressé, moi nu, dégoulinant de sueur et de peur.

– Matthew ! s'écrie Kate.

Et soudain, le plafonnier vient éclabousser de lumière blanche le carnage : nos deux corps, obscènes, gisant entre les draps souillés. Transi d'effroi, je saisis mon oreiller et je le serre contre mon ventre pour cacher mon intimité. Matthew, inconscient de ce qui se passe, continue à jouer avec mon sexe.

– Matthew ! répète Kate.

Cette fois-ci ce n'est plus un cri, mais un hurlement déchirant. Matthew se jette sur le côté. Il tombe du lit et se retrouve par terre, face à ma tante. Je n'oublierai jamais la minute de silence qui a suivi et le regard horrifié de Kate, allant de son mari à moi, de moi à son mari. Elle a la bouche ouverte, les yeux exorbités. Elle ne pleure pas. Dans son long peignoir de soie blanche, avec ses longs cheveux détachés, elle ressemble à une Vierge trahie. Elle demeure ainsi, comme fixée au sol l'espace de quelques secondes interminables, puis elle fait demi-tour en direction de sa chambre. Matthew se lève aussitôt, remet de l'ordre dans ses vêtements et la suit d'une démarche mal assurée. J'entends une porte qui claque, des éclats de voix, autant de sons qui viennent marteler ma tête. Je me mets debout péniblement et, comme un somnambule, je vais me réfugier dans les toilettes. Ce n'est pas moi l'auteur du crime et pourtant j'ai du sang sur les doigts. Ma tante Kate vient me rejoindre et, chose hallucinante, elle s'adresse à moi comme si rien ne s'était passé, comme si elle n'était pas entrée dans la chambre, comme si elle n'avait rien vu.

– Il faut te nettoyer, me dit-elle d'une voix éteinte en me tendant une serviette de toilette.

Elle a le regard vide, la bouche crispée. Son corps, tout raide, est secoué de tremblements. Je la sais dévastée, démolie, cassée mais elle applique à la perfection le *never explain, never complain* dont nous avons été nourris depuis notre naissance.

Nous allons ensemble dans la salle de bains. Je me lave sans un mot. Mes gestes sont incertains et le silence, oppressant, me paralyse. J'agis en automate. Ma tante me donne du linge propre et me demande d'aller me coucher. Elle, de son côté, regagne la chambre conjugale après m'avoir regardé une dernière fois, d'une façon terrible... Et de nouveau j'entends des hurlements et des insultes. Je refais mon lit avec des draps immaculés. Si seulement je pouvais m'endormir et ne plus jamais me réveiller... J'essuie mes larmes avec mon petit coussin. Je n'ai même plus la force de prier. Mon corps et mon âme sont en mille morceaux. Un seul regard de Kate et j'ai compris qu'elle me jugeait coupable ! Au petit matin, je finis par m'endormir.

Quand je descends prendre mon petit déjeuner, ma tante Kate est déjà là. Mon oncle Matthew ne se montre pas. Dans un demi-sommeil, j'ai entendu sa voiture démarrer à l'aube. Habillée, coiffée, maquillée, Kate n'a rien d'une femme bafouée, humiliée. Elle en devient presque hautaine et froide, si froide... J'ai envie de me jeter dans ses bras, d'implorer sa compréhension. Insulte suprême, elle ne me regarde même pas. En une seule nuit, elle vient de me balayer de son existence. Son mari a dévasté mon enfance, il m'a piétiné, il m'a volé ma pureté, mon honneur, mais je suis déclaré coupable avant même d'avoir pu me défendre et livrer ma propre version des faits. Je ne dis rien. Accablé, j'écoute Kate me donner le programme de la journée : mon vœu de rentrer chez ma grand-mère est exaucé. Sauf que je ne pars pas de mon plein gré, je suis chassé, comme un vulgaire voleur, un misérable petit intrigant. Kate ne me voit pas comme une victime et, si je pouvais l'obliger à parler, je sais qu'elle m'accablerait sans m'écouter. Le meilleur des avocats ne pourrait lui faire entendre raison. En dépit des horreurs commises sur ma personne – ignominies qu'elle a vues de ses propres yeux – ma tante continue d'aimer son mari...

Sans attendre qu'elle me le demande, je monte à l'étage faire mon sac. Quand je redescends, Kate a déjà pris place dans sa voiture. Côté passager, la portière arrière est ouverte, celle de devant est fermée. C'est ainsi. Ma tante a choisi. Les liens du sang sont peu de chose comparés à un scandale. Le constat est effroyable, mais je suis un enfant et je ne peux pas aller contre une décision d'adulte. Kate, à la veille de donner naissance à son premier enfant, veut protéger son idée du « bonheur conjugal ».

C'est dans cet état d'esprit qu'elle me dépose chez ma grand-mère comme on dépose un paquet de linge sale.

– En fait, explique-t-elle à Mama Fa, je n'ai plus vraiment besoin de Vincent. Mon mari a pris du temps pour s'occuper de moi et puis le bébé va naître bientôt. J'ai pas mal de choses à faire...

Kate est le deuxième enfant préféré de ma grand-mère. Il y a Justin, mon père, qui lui rappelle son époux défunt, et il y a Kate, qui a répondu à toutes ses espérances en faisant un si beau mariage... Ma grand-mère n'a donc aucune raison de mettre en doute les paroles de ma tante. Vincent n'est plus utile ? Pas de problème. Ici, on lui trouvera toujours des jerricans d'eau à porter, des maisons à construire, des enfants dont il faut s'occuper. Je suis un pion qu'on déplace sur un échiquier. D'ailleurs pourquoi les routines familiales changeraient-elles ? Officiellement, il ne s'est rien passé. Je rentre chez moi parce que Kate n'a plus besoin de mes services, *that's it*.

Le bébé, une petite fille nommée Nadine, naît dix jours plus tard, dans ce contexte horriblement tourmenté pour moi mais « normal » pour Kate et Matthew qui persistent et signent : ils sont heureux et continuent à tourner les pages du roman rose de leur mariage. Et tout naturellement, ils viennent chez ma grand-mère montrer leur bébé... Je suis présent et je joue ma partition à la perfection. Mes tremblements de cœur et de corps sont impossibles à déceler. Je souris, je sers du *Uncle Matthew* et du Titie Kate à tout va, comme un robinet verse de l'eau à volonté. Quant à eux, ils font bloc dans leur obsession de vouloir sauver les apparences. Dans les yeux de Matthew, je lis quelque chose qui ressemble à un manque. En présence de la famille il me regarde comme on regarde un enfant, mais il ne peut pas renoncer à sa chose aussi facilement. Il m'a possédé plusieurs fois, il veut continuer. Et nous revoilà à jouer au jeu pervers du chat et de la souris. Chez ma grand-mère c'est petit, trop petit pour pouvoir s'échapper. Matthew me terrorise en silence. Il me suit partout, parvient sans difficulté à me coincer et, horreur, pose à nouveau ses mains sur moi. Les attouchements recommencent, furtifs et violents, car le temps est compté.

Un soir, une de mes tantes qui est de passage dans la capitale émet le désir d'aller dîner dans un nouveau restaurant à la mode qui vient de s'ouvrir à Castries. Et comme les règles de bienséance ne l'autorisent pas à s'y rendre seule, elle me demande de l'accompagner. Matthew, présent à la maison, propose aussitôt de nous y déposer en voiture. Bien sûr je commence par refuser, puis, soucieux de ne pas éveiller d'inutiles soupçons, j'accepte en sachant parfaitement qu'un nouveau piège m'attend. Matthew installe ma tante à l'avant, et moi à l'arrière, côté gauche, juste derrière le siège du conducteur... Pendant le trajet, tout en discutant le plus naturellement du monde avec elle, il gardera une main sur le volant et de l'autre il me masturbera à travers la braguette de mon pantalon. Sur la liste de ces attouchements en série, je crois n'avoir jamais eu autant peur que lors de ce trajet en voiture, notamment quand Matthew a fait une embardée...

*
* *

Persuadé qu'il ne sera jamais inquiété du fait de sa position de journaliste politique, Matthew prend de plus en plus des risques. Et même si Kate continue à s'aveugler, la rumeur monte en ville... En cachette, il se chuchote des choses. On murmure que cet homme « au-dessus de tout soupçon » aurait des penchants pour les jeunes garçons. Ce n'est encore qu'un bruit qui court, mais cela agace ma tante. Et même si elle a choisi de ne pas y prêter attention, elle ne peut nier le fait que son mari la trompe. Mon petit frère Donovan, alors âgé de six ans, me confiera plus tard qu'au hasard d'une porte entrebâillée il a saisi des bribes de conversation entre ma grand-mère et Titie Kate, l'une essayant de convaincre l'autre de se tenir tranquille et de mesurer sa chance d'avoir trouvé un aussi bon parti...

– 4 –

PETITE VOIX DEVIENDRA GRANDE

Je n'ai pas eu d'enfance, je n'aurai pas non plus d'adolescence. L'acné, les sorties au *dance hall*, les copains et les copines, les premières romances, j'ai sauté à pieds joints toutes ces cases prédessinées sur la grande marelle de la vie.

En revanche, cet âge qu'on qualifie d'« ingrat » a été pour moi un déclencheur. J'ai le cœur abîmé et le corps souillé, mais rien ne se voit. Je garde la tête haute, comme ma grand-mère m'a si bien appris à le faire. Ma souffrance est enfouie à l'intérieur de moi et je suis décidé à en tirer quelque chose. Pas question d'oublier, pas question de laisser le crime se propager comme un feu de forêt. Pas question de finir en poubelle à sperme pour vieux vicieux planqués derrière leur pouvoir, leur nom et leur argent. Car c'est bien ce qui se passait dans l'île : serpillières destinées à soulager les mâles arrogants, tel était le destin qu'on infligeait aux petites « tapettes » dans mon genre. Et moi, je m'étais juré d'échapper à cela.

À l'âge de quatorze ans, je commence à militer en silence, en me disant qu'un jour je prendrai ma revanche. J'ai la chance d'avoir, en dépit du drame atroce que j'ai subi, une énorme spiritualité. Chez ma grand-mère, puis plus tard au lycée adventiste, la religion, omniprésente, m'a donné la force de continuer à avancer. Je mangeais à ma faim, je respirais, j'avais un toit... Je n'avais pas le droit de baisser les bras.

Chez Mama Fa, le défilé des enfants qu'on ramène continue. Mais s'il y a les arrivants il y a aussi les partants, las des intrigues de ma tante Sonia, fatigués de l'emprise étouffante de ma grand-mère. Les partants me donnent la force d'agir. Marre des adultes qui bousillent la vie des enfants. Mon père navigue à vue dans sa bulle, je ne peux rien lui demander. Notre relation s'est sérieusement détériorée le jour où je lui ai annoncé que je ne serais jamais mécanicien comme lui. Mes notes, brillantes, me permettent d'envisager de continuer des études supérieures pour devenir expert-comptable, seulement à Sainte-Lucie les enfants de familles pauvres, même s'ils sont d'excellents élèves, n'ont aucune chance d'obtenir une bourse pour aller étudier en Europe. La seule chance – suprême – qu'il leur reste est de décrocher un poste dans une banque... ou de devenir prêtre ! Et là aussi j'ai déclaré forfait, à la grande déception de ma grand-mère.

Lentement mais sûrement, je prends mon autonomie. Je dois échapper à l'emprise de Matthew et de la famille, et l'unique façon d'y parvenir est de m'évader le plus souvent possible de la maison. Je vois régulièrement ma mère et ma sœur Cyrina. J'ai besoin d'une autre idole. Kate s'est détournée de moi, Cyrina va prendre sa place. Je passe mes week-ends avec ma mère. Je me réfugie dans des activités artistiques anti-stress que j'aime : je crochète, je couds, je brode, je tricote de jolies choses que j'arrive à vendre à droite et à gauche pour me faire un peu d'argent de poche. Dans la rue, on continue à me dévisager et à m'envisager. On me jette des cailloux, on m'insulte, mais on me drague aussi, ouvertement, comme si j'étais une vulgaire marchandise. Mes toilettes raffinées, mes talons hauts et mon port de tête irritent et fascinent tout à la fois. Rien de tiède dans ces approches : on me hait ou on me désire.

Je suis de plus en plus féminin, mais je ne me sens pas femme pour autant. Il me semble appartenir à un troisième genre, celui qui pourrait, peut-être, amalgamer le masculin et le féminin. Hélas nous sommes à Sainte-Lucie et je ne dispose d'aucun moyen pour me faire accepter tel que je suis, avec cette ambivalence affective profonde qui est une véritable tare dans une société machiste.

Ménage, courses, baby-sitting, construction et mécanique, livraisons d'eau et de sable, lorsque je cesse de devenir un petit esclave soumis aux exigences des uns et des autres, lorsque je réussis à échapper au regard avide de Matthew, je voyage à travers mes lectures. Ces voyages immobiles m'offrent des billets gratuits pour le bout du monde. Je plonge avec délices dans ces romans à l'eau de rose où le héros n'est pas un enfant abusé mais un magnifique jeune homme promis à un destin de rêve ; plus tard il rencontrera une jeune fille riche, belle, à l'éducation parfaite *puis ils se marieront et auront beaucoup d'enfants*... Titie Kate, l'une de ces histoires aurait pu être la tienne si ton prince n'avait pas trouvé son titre dans une poubelle.

Je consomme ces petits livres en me disant que « moi aussi, un jour... » mais lorsque j'entends la voix sèche de ma grand-mère me rappeler à l'ordre – il y a toujours quelque chose que je n'ai pas fait ou que j'ai mal fait – ou que j'entends le pas de Matthew se rapprocher, mon carrosse redevient citrouille. J'ai la même élégance que l'héroïne, j'ai sa minceur, son port de tête, seulement la ressemblance s'arrête là. Je n'ai pas la permission de minuit, je n'ai pas de permission du tout. Je suis sous contrat, avec ma grand-mère pour les tâches ménagères, avec mon père pour les gros travaux, avec Matthew pour le sexe, le sexe qui salit, le sexe qui humilie. De tous côtés je suis à la merci des humeurs des uns et des autres. J'ai signé, sous la torture, un CDI pour l'enfer. Le matin, quand je me lève, je ne pense pas à mon cours de maths ou à mon contrôle de français, je pense à ruser pour échapper à la dictature de mon père et à l'obsession sexuelle de mon oncle. Il n'en a jamais assez. Il me possède, il a sa femme, et il trouve encore le temps de faire ses répugnantes virées en ville où il ramasse de pauvres gosses incapables de se dérober à son exigence et à ses menaces de chantage s'il ne soulage pas ses envies dans la seconde. Mon oncle Matthew n'aime pas le sexe : il est un sexe ambulant qui ne trouve jamais le repos.

Et si à mon père je peux dire que j'ai trop mal au ventre pour acheminer des sacs de sable sur la colline, avec Matthew je ne peux tricher ; même malade, même à l'article de la mort, il continuerait, j'en suis certain, à me toucher, peut-être même y puiserait-il une excitation supplémentaire...

Suis-je donc condamné à vivre le bonheur par procuration ? J'aime la couverture en papier glacé, un peu kitsch, des romans que je dévore. Sur fond d'un paysage paradisiaque, un couple, enlacé – la fille est toujours blonde et le garçon souvent brun – annonce déjà la couleur : non les péripéties pour aboutir au bonheur n'auront pas l'âcre goût de l'obscène, oui l'histoire se terminera bien. J'achète le livre en fonction du pays où se situe l'action. L'Afrique, La Nouvelle-Orléans, l'Australie, la France...

La France ! Un jour, je tombe en arrêt devant la couverture d'un livre : *Un été à Paris*.

Paris... J'ai déjà appris, lors d'un cours d'histoire et de géographie, que c'est le joyau de la France, un peu comme Sainte-Lucie est le joyau des Caraïbes. À la suite de ce cours, je me suis procuré un petit manuel touristique sur cette ville. On y parlait des principaux monuments, et notamment de la tour Eiffel, dépeinte comme une femme habillée d'une longue robe de dentelle, une Belle de Nuit projetant sur la Seine ses éclats de lumière. La description m'a fait rêver. Je me suis dit : « *Oh my God*, c'est là que je veux aller ! »

Et voilà qu'en furetant dans la minuscule librairie de Castries, je tombe sur *Un été à Paris*. Sur la couverture bleu marine, ce n'est pas le couple qui retient mon attention, mais cette chose étrange, sublime, comme dorée à l'or fin, qui se dresse dans le ciel avec fierté. *Oh my God*, il me faut ce livre ! Follement excité, je parcours les quelques lignes relatant l'histoire au dos du roman, et je repars avec mon trésor sous le bras. Je me rappelle avoir avalé cet ouvrage en moins d'une heure et m'être endormi avec dans la tête l'image de cette dame magnifique dans son habit de soirée...

*
* *

Dans quelle mesure mes lectures, pourtant bien innocentes, m'ont-elles guidé vers la révolte ? Je ne saurais le dire... Le fait est que ces romans à l'eau de rose m'ont ouvert d'autres horizons. Cela paraît incroyable, presque ridicule à dire, parce que j'approchais de ma quinzième année, mais j'ai découvert soudain, noir sur blanc, photos à l'appui, qu'il se passait autre chose dans un ailleurs moins noir. Bien sûr les mots pouvaient mentir, pas les photos... Et moi, je voulais être dans la photo. Dans cette photo.

Après une semaine de réflexion, je me suis levé un jour en me disant : « non ! » Ce premier « non », formulé aussi clairement dans ma tête, a été, je le pense, le déclencheur de tous les événements qui ont suivi. Cette révolte, c'était comme si tout à coup la rivière sale de Canaries, cette rivière où chacun déversait quotidiennement ses immondices, retrouvait sa limpidité. Sous la contrainte, j'avais bu à la source de cette rivière sale, à présent je voulais boire à la source d'une eau propre. Je voulais décider de ma vie, et rien ni personne ne pourrait m'en empêcher.

C'est ce jour-là que j'ai eu un affrontement terrible avec mon père. Chez ma grand-mère, devant elle, consternée mais silencieuse – de nouveau cette loi effroyable du chef de famille tout-puissant – il m'a roué de coups, faisant ressusciter un passé pas si lointain que ça... *Je suis une petite chose de sept mois dans le ventre de Victoire et je reçois mon premier coup...* Quoi, comment, j'osais me rebeller, affirmer que je ne l'aiderais plus, et lui redire que je ne deviendrais jamais mécanicien ? Oui, j'osais. Non, je n'allais pas suivre le chemin tout tracé par mon père.

– Tu n'es pas mon fils ! Comment oses-tu me parler de cette façon ! Tu es une véritable insulte pour la famille...

Ces invectives, je les connaissais par cœur. Bientôt, il me traiterait de Miss Steeve ou de jackass... Une façon pour lui de me dire que je n'appartenais plus à son équipe de foot, puisque c'était ainsi qu'il considérait ses enfants, comme des joueurs portant un maillot à son effigie. Mais il pouvait me battre jusqu'à ce que mort s'ensuive, il pouvait m'abîmer physiquement, m'humilier devant ma grand-mère, le sang pouvait couler – le mien surtout, parce que sur ce ring-là je me battais en poids plume –, tout cela n'était rien en face de cette liberté de pensée que je venais de gagner.

Ce fameux jour, nous avons échangé pour la première fois un regard d'adultes. Un regard dur, terrible, un regard chargé de *no way out*. Mon père m'a frappé une ultime fois, une façon pour lui de me signifier qu'il avait tout de même le dernier mot. Ma grand-mère, selon son habitude, m'a adressé un sourire furtif témoignant de sa compréhension mais de son impossibilité à freiner ce processus de rabaissement que je subissais en silence depuis des années. Mon père frappait comme on lance un bolide sur un circuit, et Dieu sait s'il s'y connaissait en moteurs.

Saint Lucia, pray for me... J'avais quatorze ans et demi et je demandais à Dieu asile sur une terre plus pure.

– 5 –

« I'M LEAVING ON A JET PLANE... »

I'm leaving... I'm leaving on a jet plane and I don't know when I will be back again... I'm leaving... (Je pars... Je pars en avion... Et je ne sais pas quand je reviendrai...) Chaque fois que je suis en transit, en perte de repères ou en manque de racines, cette chanson extraite de la comédie musicale *Annie*, interprétée par Shirley Temple, me revient en mémoire. Ces quelques notes de musique ont bercé ma petite enfance, puis mon adolescence, surtout dans les moments difficiles. Quand mon père cognait, une petite voix à l'intérieur de moi fredonnait ce couplet chargé d'espoir : *I'm leaving... I'm leaving on a jet plane, and I don't know when I will be back again...*

Cette fois-ci, même si ce n'était pas encore le grand départ – je n'avais pas les moyens de m'offrir un billet d'avion pour Paris –, je posai un acte pour la première fois de mon existence. J'allais quitter ma grand-mère. Me soustraire à sa dictature, à sa présence aimante mais aussi à la lâcheté de son silence. Lors du dernier affrontement avec mon père, j'avais pris conscience qu'en réalité je préméditais ce départ depuis un moment déjà.

Ma mère travaillait alors comme femme de ménage, le week-end, chez l'une de mes tantes, ma tante Jane. J'aimais beaucoup cette tante. J'aimais sa présence chaleureuse et son indépendance d'esprit, acquise lors de ses années passées à Londres. Elle habitait avec ses deux enfants une jolie maison dans un quartier mi-résidentiel mi-populaire des environs de Castries. Les deux femmes s'entendaient si bien que ma mère avait confié à Jane le soin de s'occuper de ma sœur Cyrina. Ma mère faisait le ménage pour ma tante qui faisait du baby-sitting pour ma mère ! Aux Caraïbes, les enfants vont et viennent. Ils changent de toit comme de vêtements, sans que cela pose problème... Le plus souvent, les changements se font en fonction des revenus financiers des uns et des autres. À Sainte-Lucie, *money is money*. Qu'il s'agisse d'une poule, d'une voiture ou d'un enfant, chacun cherche le meilleur *deal*.

Chaque fois que je rendais visite à ma mère le week-end, je l'accompagnais chez tante Jane. J'emportais quelques vêtements que « j'oubliais » de rapporter. Le reste de mes affaires – mes cahiers et mes livres de classe et mon coussin d'enfant, impossible de quitter la maison sans lui – ne risquaient pas de me démolir le dos comme l'avaient fait tous ces fichus jerricans et ces sacs de sable transportés tout au long de ces années.

C'est ainsi que j'ai refermé sur moi la porte en bois de notre bicoque de malheur, sans éclats, sans drame, sans explications. Un après-midi, en sortant de l'école, j'ai tourné à droite au lieu de tourner à gauche. J'ai emprunté un autre chemin, celui de la capitale. Ma tante Jane et ma sœur Cyrina n'ont guère été surprises de me voir débarquer, j'avais déjà toutes mes affaires sur place. Je devrais presque dire « dans la place ». Ma grand-mère ne s'est pas inquiétée de savoir où j'avais pu me rendre. Je l'ai déjà dit : Mama Fa savait tout, même ce qu'elle ne savait pas...

*
* *

Je ne construis pas les maisons selon le schéma paternel. Moi je pense qu'en fermant une porte on en ouvre une autre. Et que parfois les deux peuvent continuer à communiquer entre elles. L'esprit incroyablement obtus de mon père ne peut s'accommoder de cette théorie, plus proche de la poésie et de la spiritualité que du parfait mode d'emploi de la fabrication du ciment. Pour lui on construit avec des briques, pour moi on construit avec des sentiments, des émotions, des engagements aussi... En cela, et malgré la précieuse tache de naissance exhibée comme un trophée, j'ai été et je suis toujours le fils de ma mère, même si je n'ai pas choisi, pour l'instant, de vivre avec elle. Maman à qui je ne peux que pardonner sa faiblesse au moment de ma venue au monde... La lecture des Évangiles dont je continue à m'imprégner au cours de catéchisme me calme et me préserve de la haine ou de la rancœur.

Je ne suis pas venu pour les bien portants... Laissez venir à moi les brebis égarées... Comme Mama Fa, ma mère garde porte ouverte pour les enfants et petits-enfants à venir mais, contrairement à ma grand-mère, elle ne prend ni n'attend rien en retour. L'argent, le pouvoir, l'emprise sur les autres, le niveau social, tout cela elle s'en moque. Elle a inculqué à ma sœur Cyrina – mon aînée de trois ans – un certain nombre de valeurs, comme la tolérance et le respect. Pas une fois je ne serai le témoin d'un geste ou d'une parole brutale. Maman est une victime, mais elle a donné naissance à des enfants – surtout Cyrina et moi – qui ont choisi un autre combat, celui du droit à la différence.

Ce changement de décor, la possibilité de voir ma mère à tout moment et non pas aux jours et aux heures fixés par ma grand-mère, l'absence de règles établies et la jolie chambre que m'a octroyée ma tante Jane, tout cela me met un peu de baume au cœur. Le matin, lorsque je pars pour l'école, je me sens un peu plus léger. Je n'ai pas de nouvelles de ma grand-mère et je ne désire pas en avoir, du moins pas encore. Chaque jour je reçois sa tristesse comme on reçoit une lettre anonyme dans la boîte aux lettres ; le poids de l'absence n'est pas signé et pourtant il porte un nom. Le chagrin de ma grand-mère est palpable, je le sens, je le vis. Car malgré ses ordres, ses volées, sa dictature, Mama Fa m'aime, je le sais. Et elle vient de perdre son petit préféré, mais je ne peux pas faire machine arrière. Je veux apprécier à sa juste valeur ce tournant que je viens de prendre. Mon chemin est encore bordé de ronces, mais je n'y avance plus comme un Christ portant sa couronne d'épines. Et si je reçois toujours des pierres, elles ne me sont pas lancées par mes proches.

Il n'en reste pas moins que l'ombre de Matthew plane jour et nuit sur mon âme et ma chair. À genoux sur le banc de l'église, dans la rue où je me force à ne pas plier sous la méchanceté de certains regards, je me répète sans cesse, comme un leitmotiv : « *Sex is dirty*. Le sexe est sale... »

Je me le suis juré : personne, plus jamais, ne me touchera. Le sexe est sale et les hommes sont durs. Ces deux constats, s'ils m'isolent dans une bulle de chagrin, me donnent aussi la force d'avancer.

Quelque temps après mon installation chez tante Jane, lorsque Cyrina rencontre son premier petit ami, je le vis mal. Les voir s'embrasser devant moi m'énerve. Cyrina est pure, c'est ma *Barbie doll* et, si elle continue à embrasser ce garçon, elle va tomber enceinte ! Inconsciemment, j'ai peur que le schéma d'hier se reproduise. Cyrina ressemble beaucoup à Kate. Elle est comme elle, élancée, élégante, avec un teint clair et de longs cheveux. Titie Kate, *Uncle Matthew*, *un beau mariage*, *une belle maison*, *des jours malheureux et des nuits d'horreur...* J'accepte néanmoins de mieux connaître le garçon qui fait battre le cœur de ma sœur. Et cette fois-ci je ne suis pas déçu. Nous devenons même amis, à la grande joie de Cyrina.

Débarrassé par l'horreur des préoccupations liées à la période de l'adolescence – découverte de son corps, amour, sexe – je me concentre sur mes études, où j'excelle, et sur mes travaux d'aiguille. J'ai fait d'énormes progrès en couture et en crochet. J'habille ma sœur de la tête aux pieds. J'imagine, je dessine, je coupe, j'organise les essayages... Je jubile ! Ma féminité ne pose plus de problème, elle devient un atout, une source de bonheur pour Cyrina et ses copines, qui adorent mes créations et en redemandent. Je ne suis plus Miss Steeve, cette petite tapette risée de la famille, je suis moi, Vincent, un jeune garçon avec son allure particulière, ses qualités et ses défauts, ses envies et ses désirs, un être humain en somme.

La maison de ma tante devient vite le QG post-école ! Chose incroyable pour moi qui suis né avec une liste d'interdits à la main – pas de mots, surtout pas de pleurs, pas de sorties, pas de copains ni de copines, pas de télé, pas de goûters, pas de rires, pas de défilés de mode –, je passe sans transition d'une dictature à une démocratie où chacun peut exister en paix. Je n'en reviens pas !

De cette époque date mon coup de foudre pour les séries américaines. Ma tante Jane n'a pas les yeux rivés sur le compteur électrique comme Mama Fa, nous pouvons donc, à notre guise, regarder nos programmes préférés sans crainte d'être envoyés au lit en plein milieu d'une scène palpitante. « Dallas », « Dynastie », je ne rate aucun épisode ! Les héros de mes romans roses ont déserté leur support de papier pour pénétrer dans un monde virtuel pour les autres, réel pour moi. Je suis tour à tour Alexis de « Dynastie » ou Sue Ellen de « Dallas ». Comme hypnotisé, je détaille leurs coiffures, je prends les mesures de leurs toilettes, je monte et je descends les escaliers de leurs sublimes villas hollywoodiennes, chaussé de leurs escarpins à talons aiguilles...

Mais comme souvent dans ma vie, ce qui est bon ou simplement léger s'arrête de façon brutale. Ma tante, si permissive soit-elle, subit les pressions de la société bien-pensante. Ma sœur Cyrina est très courtisée. Les garçons défilent sous l'œil réprobateur de tante Jane, cette même tante qui nous autorise à regarder des *soaps* où il n'est question que d'amour, de tromperies, de passion et de sensualité, pour ne pas dire sexualité...

– Cyrina, lui dit-elle un jour, tu ne devrais pas fréquenter tous ces garçons, c'est mauvais pour ton image...

Mais Cyrina ne s'intéresse pas à cette sorte d'image, Cyrina s'intéresse à l'image des magazines, à l'image de la prochaine robe que je lui confectionnerai. Le reste, elle n'en a rien à faire. Et pour exprimer son mépris des conventions sociales, elle monte dans sa chambre, fait son sac et part en claquant la porte. Elle retourne habiter chez ma mère.

Sans Cyrina, la vie chez ma tante n'avait plus aucun sens. Comment survivre sans un rayon de soleil ? Et pour qui désormais allais-je crocheter, coudre, assembler, tricoter ? Dès l'instant où ma sœur a franchi le pas de la porte, je me suis senti abandonné, de nouveau livré à moi-même et à mes tourments. Cyrina, ma petite princesse, avait le don de chasser mes idées noires en sollicitant mon esprit créatif. Elle voulait une robe par-ci, un pull par-là, et puis un châle au crochet, et encore une jupe pour aller avec le pull... Elle m'emportait dans un tourbillon où je pouvais enfin être moi-même : le Vincent doué pour habiller les *Barbie dolls*.

Sonia, on le sait, brillait par son talent inné à semer la zizanie au sein de la famille. Tante Jane s'y est mise, elle aussi. Et ma pauvre maman en a subi les conséquences. Tante Jane n'a eu de cesse de lui reprocher l'éducation laxiste qu'elle avait donnée à sa fille. En défendant bec et ongles Cyrina, ma mère a perdu l'amitié et la considération de ma tante. C'est alors que j'ai décidé de partir à mon tour.

J'ai rejoint Cyrina chez ma mère, en plein centre de Castries, dans un minuscule deux pièces – une chambre et une salle à tout faire – meublé chichement. Même si je devais dormir par terre je ne perdais pas au change, bien au contraire. Je vivais avec ma mère et ma sœur dans les lumières de la ville, loin de toutes les intrigues.

*
* *

Vivre d'amour et d'eau fraîche entre une ex-reine de beauté et une *Barbie doll*, c'est bien, mais s'il y a un peu d'argent en plus, c'est encore mieux. *Money*... L'argent, on en revient toujours là, à Sainte-Lucie et dans tous les pays d'une extrême pauvreté. Sans argent on ne peut accéder au pouvoir et, sans le pouvoir, on n'est rien d'autre qu'un animal offert en pâture à des criminels tels que Matthew... Ce cercle vicieux me ramène à cette équation qui m'obsède : argent + pouvoir = une voix. En voulant que je sois prêtre, ma grand-mère, sans le savoir, avait déjà confirmé ce que je ressentais désormais : sans ce maudit argent, il n'y avait aucune issue possible, sauf Dieu. Seulement Dieu, qu'en ont fait les hommes ? Chaque matin, lorsque je passe devant l'église pour me rendre à l'école, j'éprouve des sentiments contradictoires. Je suis un fervent catholique et, pourtant, je ne peux refouler une certaine colère à la vue de ce magnifique édifice entretenu grâce à de l'argent propre – toutes les familles pauvres de Sainte-Lucie – mais aussi grâce à de l'argent sale, Matthew et tous les autres dépravés. Ce lieu de prières qui devient lieu de refuge en cas d'ouragan ou de cyclone tropical, parce que tous les Saint-Luciens savent que ce toit-là, construit avec les meilleurs matériaux et par les meilleurs ouvriers, ne risque pas de s'envoler, n'a pas été édifié avec la pureté requise ! Et je peste intérieurement contre tous ceux qui placent leurs maigres économies dans le tronc de la peur, c'est ainsi que je nomme ces petites boîtes placées bien en évidence à l'intérieur de l'église, vous rappelant que si vous n'y glissez pas au moins un *cent* le destin vous frappera, vous et votre famille.

Bref, je crois en Dieu mais pas à l'usage qu'on en fait. Je ne serai pas prêtre, c'est acquis. Mon désir, c'est de partir. Loin. Sous des cieux plus clairs. Seulement il me faut de l'argent. Ce ne sont pas mes quelques travaux de couture qui vont m'aider à mener à bien mes projets. Les copines de Cyrina ne sont pas riches et ont souvent beaucoup de bouches à nourrir. Je dois donc trouver un travail.

À Sainte-Lucie, il y a tellement d'enfants – *sea, sun and sex... but no condoms et planning familial tabou* – que l'école est comme « coupée en deux ». De huit heures du matin à quatorze heures on enseigne à la première « fournée » et l'après-midi à la seconde. Les cours dispensés sont les mêmes. Étant de la session du matin, je me retrouve libre le reste de la journée. Par ailleurs, je suis si appliqué à l'étude, si concentré, qu'en sortant de l'école je n'ai pas besoin de me replonger dans mes bouquins.

C'est ainsi qu'un jour, après mes cours, je décide d'arpenter *the main street* pour me trouver un petit boulot. Je n'ai pas d'idée précise sur ce que je veux faire. Je veux juste travailler. J'entre d'abord dans un bar-restaurant pour proposer mes services : c'est non, d'office. Et ce sera « non » chaque fois que je me présenterai quelque part. Une fois, deux fois, je demande :

– Je ne comprends pas, il y a un mot sur la porte du magasin indiquant que vous cherchez du personnel...

– Oui, mais vous ne faites pas l'affaire.

– Ah bon, mais pourquoi ?

Un silence embarrassé suit généralement ma question, à moins que le propriétaire du commerce ou du café me montre la porte du doigt comme si j'étais pestiféré.

– Vous avez perdu la tête, pour vous présenter dans cette tenue ? On ne met pas quelqu'un comme vous à la vente...

Découragé, je m'éloigne de la rue principale et je m'apprête à rentrer à la maison lorsque la vitrine d'un petit magasin de chaussures, situé un peu à l'écart des autres boutiques, attire mon attention... Le magasin est minuscule mais chic, et la vitrine particulièrement attrayante. Les chaussures exposées – uniquement des escarpins à talons – sont sexy et chères. Je suis étonné par le choix des modèles, très mode, et par la qualité, indiscutable et détectable au premier coup d'œil. Ma tristesse s'envole d'un coup. Ragaillardi, et comme mû par une sorte d'instinct, je pousse la porte de Chez Youssef. Un petit homme brun aux yeux vifs, à l'abord plutôt sympathique, me reçoit. Il s'appelle Youssef et, contrairement à tous les employeurs potentiels que je viens de rencontrer, il me fait asseoir et m'étudie avec la plus grande attention.

– Qu'est-ce que les femmes aiment plus que les chaussures ? me demande-t-il avec un sourire de connivence.

Et, sans attendre ma réponse, il ajoute :

– Les garçons efféminés !

Incrédule, je l'entends me demander d'essayer une paire d'escarpins et de marcher devant lui. J'obtempère, n'osant croire à ma chance. J'effectue quelques pas dans un espace réduit au strict minimum. Youssef semble conquis.

– OK, me dit-il en se frottant les mains d'un air satisfait, je vous embauche du lundi au vendredi tous les après-midi et le samedi toute la journée. Pouvez-vous commencer demain ?

Je sors de la boutique fou de joie. Dehors, je me sens pousser des ailes : *Oh my God, j'ai un job !*

À la maison, je parle « chaussures » toute la nuit avec Cyrina, elle seule peut comprendre l'excitation dans laquelle je me trouve.

– Cyrina, tu dois absolument dire à toutes tes copines de venir à la boutique. Les chaussures sont sublimes ! C'est un peu cher, mais tu vas voir, c'est ex-tra-or-di-naire !

Ma première vente, je vais la faire à une amie de Cyrina qui travaille dans une banque. Son mari gagne bien sa vie, elle peut s'autoriser quelques petites folies. Je me souviendrai toujours de cette première vente. L'amie de Cyrina, une jolie fille plutôt petite et fine, portait à merveille les talons aiguilles. Elle est repartie avec une paire d'escarpins en cuir tressé couleur taupe, avec des talons presque aussi hauts que les pieds de la tour Eiffel...

Youssef, en m'embauchant, ignorait la valeur du cadeau qu'il venait de déposer à mes pieds. Grâce à une paire d'escarpins, je récupérais ma dignité.

– 6 –

DE L'OMBRE À LA LUMIÈRE

En dépit de mon indéniable passion pour les chaussures, je ne marche pas dans la rue le nez rivé sur elles... Je dirais plutôt de mes chaussures qu'elles ont un pouvoir magique : celui de me guider vers ce qui est bon pour moi. Où que je sois, où que j'aille, je garde les yeux grands ouverts sur l'inconnu, préférant toujours le possible à l'impossible, le probable à l'improbable. Mes blessures ne me gênent pas pour avancer et, même si ma souffrance est collée à la semelle de mes escarpins, je vais de l'avant, le cœur empli du mystère de la foi. Foi en moi, foi en Dieu, foi en *tomorrow*...

C'est ainsi que je rencontre Lyn Bristol. Je croise cette inconnue à plusieurs reprises sur le chemin qui me mène à la boutique de Youssef, sans oser l'aborder. D'emblée, je sais qu'elle va jouer un rôle dans ma vie. Elle aussi marche dans la rue comme on marche sur un podium. Son allure me parle. Nos différences ne peuvent que s'accorder. Et je vais vers elle, spontanément, avec cette naïveté qu'on a voulu m'arracher et que j'ai pourtant conservée, comme si je voulais me réapproprier cette chose volée et qui m'est due. Je ne veux pas guérir de mon enfance, je veux juste la transcender.

– Je vous trouve charmante, j'aime votre façon de porter les vêtements...

Et cette jeune femme que je ne connais pas me sourit, sans s'offusquer une seconde de la manière un peu cavalière avec laquelle je l'ai abordée. J'apprends qu'elle a dix ans de plus que moi et qu'elle travaille dans une agence de voyages...

Lyn me prend aussitôt sous son aile. Elle me présente à ses amis, presque tous des homosexuels, et elle me sort. Grands hôtels, restos de luxe, cette beauté de vingt-six ans me montre une autre facette de la nuit à Sainte-Lucie. Je n'ai pas suffisamment d'argent pour la suivre dans ce tourbillon de sorties – je donne une bonne partie de mon salaire à ma mère –, qu'importe, elle paye ma part et me demande en contrepartie de lui fabriquer des petites choses au crochet. Entre-temps, je me suis offert pour mon seizième anniversaire le cadeau que jamais je n'aurais cru pouvoir me faire : une machine à coudre Singer achetée à crédit !

Lyn m'envoie des copines. Entre mes études et le travail chez Youssef, je trouve encore le temps de confectionner mes propres vêtements et ceux des autres. À Sainte-Lucie, les femmes ne remettent jamais la même tenue deux soirs de suite ! Si elles n'ont pas assez d'argent pour s'acheter des vêtements, elles empruntent – dans les îles tout le monde vit à crédit ! – ou elles se bricolent quelque chose de neuf avec une chute de tissu récupérée dans les poubelles d'une boutique de mode. Pas question de se montrer dans la discothèque de la ville avec la même robe et les mêmes chaussures que la veille...

C'est aussi la grande période des *day time soaps*, ces feuilletons américains diffusés à la mi-journée, où tout n'est que glamour, luxe, volupté. Chaque fille de Sainte-Lucie vit par procuration les aventures des héroïnes d'« Amour, Gloire et Beauté » ou de « Santa Barbara ». Toutes veulent la même coiffure, les mêmes robes, les mêmes bijoux, et tant pis si le collier de perles est en toc, l'essentiel étant de se rapprocher au maximum de l'original...

Dans la Sunshine Bookshop (la librairie) qui se situe juste à côté de l'agence où travaille Lyn, je découvre, ébloui, les revues et les catalogues de mode européens. Les couvertures en papier glacé m'attirent comme des aimants. Il est interdit de feuilleter les magazines sur place mais Barbara, la caissière, me trouve sympathique et drôle. Moyennant quelques bricoles que je lui couds, elle m'autorise, en l'absence de sa patronne, à consulter ces publications et elle me met de côté les invendus. Ces images de mode me sont devenues indispensables. Entre un hamburger et le *Vogue*, mon cœur ne balance pas, j'achète le *Vogue*.

J'ai seize ans et je m'amuse bien. À l'image d'une petite abeille, je fais mon miel. Pourtant, la légèreté de ces instants ne m'éloigne jamais de mon but : venir en aide un jour aux enfants abusés. Comment pourrais-je les oublier ? Les violences sexuelles se multiplient... Je ne suis ni sourd ni aveugle. Il ne se passe pas un jour sans qu'une histoire sordide revienne à mes oreilles. Les Syriens, un peu comme les Arabes en France, sont des coupables tout trouvés. Certes ils se croient tout permis et vendraient leur mère pour un billet de vingt dollars, mais ils ne sont pas les seuls à perpétrer les abus et les crimes. La liste des enfants violés s'accroît de jour en jour. Leurs bourreaux – toutes catégories sociales et toutes races confondues – croient pouvoir dormir tranquilles. Patience, leurs jours et leurs nuits sont comptés. Et si je m'étourdis, si je fête les années disco presque toutes les nuits sur le *dance floor* du Lucifer's, la discothèque à la mode de Castries, en compagnie de Lyn, de ma sœur et de ses copines, je n'oublie rien. Moulé dans un *jean* stretch en satin rouge, j'ondule autour de la flamme en béton qui s'élance au milieu de la piste. Je danse sur l'air de *I will survive* sous une pluie de paillettes en me disant que ce diable-là n'est rien comparé au vrai, à celui qui occupe mon esprit sans relâche et dont le prénom commence par la lettre M... Matthew, le dernier soir où tu as posé tes mains de criminel sur ma nudité offerte à ta bestialité, j'ai accéléré dans mes pensées le film de nos deux vies et je t'ai vu montré du doigt, abandonné, humilié, sur le banc des accusés...

Il n'y a rien de pire – dit-on – que de se sentir seul au milieu d'une foule. C'est vrai. Je suis très entouré et je me sens terriblement seul. Les femmes viennent vers moi, elles veulent toutes des conseils sur leur façon de s'habiller, de se mouvoir, leurs hommes me regardent d'un sale œil en se disant, *je le sais* : « Mais qu'est-ce qu'elle a de plus que nous, cette petite taffiole ? Et pourquoi nos femmes se bousculent-elles pour danser avec elle ? »

Je vois beaucoup de couples autour de moi. Cyrina et ses copines ont des amoureux. Je ne les jalouse pas. Je sais que quelque chose en moi est cassé, mort. L'idée même qu'un garçon puisse me toucher ou me prendre dans ses bras me révulse et me terrifie. Quant aux filles, elles sont pour moi des sœurs, je les aime mais ne les désire pas.

Au beau milieu de cette effervescence, encouragé par Lyn qui croit en moi et en ma vocation de styliste de mode, je réussis mon bac. C'est un grand jour ! À cette occasion, je revois Mama Fa... Le cœur empli de fierté, je pousse la porte de sa maison. Ma grand-mère m'ouvre ses bras. Si les non-dits restent, nos différends appartiennent au passé. J'ai pris mon envol et elle ne m'en tient pas rigueur. De toute façon, elle a aujourd'hui de nouveaux éléments à former... Des gamins que je ne connais pas s'agitent dans la pièce « à tout faire ». Tant qu'il y aura des bouches à nourrir, des idées à inculquer et des remontrances à distribuer, Mama Fa restera debout, digne et fière, consciente de l'importance de son rôle...

*

* *

Mon bac en poche, que vais-je faire ? Je ne suis pas « le fils de », je ne peux pas obtenir de bourse pour aller étudier ailleurs et je n'ai guère envie de poursuivre des études supérieures. Travailler chez Youssef, même pour un salaire dérisoire, m'a donné la pêche, et je souhaite à présent me lancer pour de bon dans la vie active. Si je peux vendre des chaussures, je peux aussi être efficace derrière un guichet. Recevoir de l'argent et en donner, je sais faire. Non sans une pointe de nostalgie, je donne donc ma démission à Youssef. Cet homme m'a repêché au moment où je coulais, il m'a donné une chance, et je ne l'oublierai jamais. À l'inverse de ses collègues, avec leurs airs de censeurs, il m'a ouvert la porte de son commerce sans me juger, percevant, derrière le garçon au *look* un peu excentrique, des capacités qu'il m'a permis de développer. Déçu de voir partir un si bon vendeur – j'ai vraiment contribué à la nouvelle popularité de sa boutique –, le Youssef au grand cœur est triste, mais je dois aller de l'avant. Je décide de postuler pour un emploi à la banque. Employé de banque... Ce métier, peu attractif et plutôt méprisé dans certains pays, est prestigieux chez nous. À Sainte-Lucie, quand on « travaille à la banque », on est respecté. On a de l'argent pour s'habiller correctement, on est invité à des soirées, on existe. Et moi, c'est tout ce que je demande. Avoir un emploi fixe me permettra de mettre un peu d'argent de côté pour, un jour peut-être, réaliser mes rêves de mode.

Pamela H., une copine que j'habille de mes créations, me signale un poste vacant dans une banque du centre ville. Elle me recommande de me présenter directement avec un CV. J'en ai déjà envoyé plusieurs, accompagnés de lettres de motivation. La réponse a toujours été négative. Et lorsque je décrochais un rendez-vous, je revivais le même scénario qu'à l'époque où je parcourais la rue principale en quête d'un job de serveur ou de vendeur.

Cette fois-ci, je veux que ça marche. Le fait d'avoir décroché mon bac me donne une assurance nouvelle. Je connais aussi les écueils à éviter. Une tenue un peu trop féminine me fermera les portes... Je choisis donc de m'habiller classique, chic mais sobre, et je troque mes escarpins contre des chaussures à talons plats ! J'arrive très tôt le matin, à l'ouverture des portes, et je demande à parler à la directrice. Elle arrive et tout de suite je sais que c'est perdu. J'ai le sourire aux lèvres, elle transpire le mépris, la condescendance. Je n'ai pas ouvert la bouche qu'elle m'assassine :

– Qu'est-ce que vous faites ici ? Comment osez-vous ? Je dirige une banque, pas une boutique de mode...

Les employés, derrière leur guichet, ont levé la tête. Ils me dévisagent maintenant d'un air moqueur. J'aimerais disparaître sous terre tellement j'ai honte. Je suis habitué à la haine des hommes, pas à celle des femmes. J'ai déjà essuyé des refus, mais je sens chez cette banquière une dureté implacable. Elle veut m'humilier. Tétanisé, je réussis à sortir, sans un mot, comme quelqu'un qui vient de commettre un crime.

Le lendemain et les autres jours, je continue à prospecter, sans aucune illusion. Méthodiquement, je visite toutes les banques de Castries et de ses environs. Mon look – Dieu sait si je l'ai adapté à la nature des fonctions que je brigue – ne convient pas. Profondément déçu et choqué, je reprends mes anciennes habitudes. Je m'évade via mes lectures et les magazines de mode que ma copine Barbara me permet de consulter à la Sunshine Bookshop. Hélas, un jour, la propriétaire, Rohna Pilgrim, me surprend dans la boutique, en pleine contemplation de *Vogue*. Barbara a bien essayé de me prévenir de son arrivée, mais je plonge dans la mode comme on plonge dans une rêverie profonde : rien ni personne ne peut alors me déconcentrer. Je suis en voyage avec Saint Laurent, Chanel, Dior...

– Que se passe-t-il, ici ? interroge une voix, glaciale, dans mon dos.

Je referme brusquement le magazine, le replace à toute vitesse sur le rayon réservé aux publications et aux catalogues internationaux. Furieuse, Rohna Pilgrim me détaille de la tête aux pieds. J'en ai l'habitude...

– Non seulement il n'achète pas les magazines, lance-t-elle à Barbara qui a bondi hors de son comptoir, mais en plus il les froisse, il les abîme. C'est scandaleux ! Je ne peux tolérer ça !

Barbara se lance alors dans une longue plaidoirie.

– Ce n'est pas sa faute, madame, ce garçon n'a pas les moyens de s'offrir ces journaux. Mais il a tellement de talent... Vous comprenez, il a besoin de voir les modèles pour s'inspirer, parce qu'il crée et coud des habits merveilleux... Ce garçon est surdoué ! Tenez, vous vous souvenez de cette petite robe que je portais l'autre jour et que vous avez trouvée si jolie ? C'est lui qui l'a faite !

Je reste muet. Jamais personne n'a pris ma défense de cette manière. Rohna ravale immédiatement sa fureur et me regarde d'un air pensif.

– Bon, ça va, dit-elle à Barbara. Donne-lui du travail. Comme ça, ses magazines, il pourra les acheter !

C'est ainsi que, deux jours plus tard, je me retrouve à gérer la comptabilité de la librairie. Je suis fou de joie, car je peux enfin, à ma pause déjeuner, bouquiner en paix. Ces lectures ne sont pas inutiles pour la bonne marche de la boutique. Elles me permettent de conseiller la clientèle féminine, domaine où j'excelle. Rohna est ravie.

Les clientes, ici, sont triées sur le volet. Les magazines étrangers sont hors de prix, et seules les femmes des notables peuvent se les procurer. Me sentir dans mon élément me conduit à toutes les audaces. Mais ma spontanéité me joue parfois de mauvais tours, comme ce jour où je rencontre Tracy Betts, une très belle femme, mannequin aux yeux verts, teint clair, classe folle, amie de

Christopher, le fils de Rhona. Fasciné par son élégance, je me jette à l'eau sans l'ombre d'une hésitation. Comme je l'avais fait avec Lyn Bristol, je lui propose de l'habiller. Mon aplomb l'impressionne. Dans le mauvais sens... Elle attrape un numéro de *Vogue* sur l'un des rayons et me met la couverture sous le nez :

– Quand vous serez capable de coudre comme ça, revenez me parler !

À Sainte-Lucie, on ne mélange pas les torchons avec les serviettes. Cette femme a une condition sociale, moi non. Mais ce nouvel affront ne me traumatise pas outre mesure. À force d'être rejeté, on développe une force hors du commun. Et plutôt que de me laisser abattre, je choisis de transformer le négatif en positif. Puisqu'il en est ainsi, je vais immédiatement chercher le moyen de m'améliorer, et surtout de faire connaître mes travaux. Ainsi, le soir, après la fermeture de la boutique, je rentabilise ma Singer ! Tracy Betts veut la couverture de *Vogue* et rien d'autre ? Elle va l'avoir. Moi, Vincent Mc Doom, j'incarne la mode, je *suis* la mode ! Tous les jours je vais travailler avec un nouvel ensemble. Ma peau fine et fragile ne supporte que les matières pures : la soie, le coton ou le lin. Et le climat lourd et humide de Sainte-Lucie s'accommode mal du lycra, de la rayonne et de la laine. Je me débrouille pour me procurer au meilleur prix des coupons et des rames de tissu et je passe mes nuits à assembler, à élaborer, à imaginer. Plus tard, mon petit frère Donovan me dira :

– Tu étais si créatif que tu aurais pu te faire une tenue de rêve simplement en t'enroulant dans du papier toilette !

Tracy Betts vient presque tous les jours à la boutique pour acheter des magazines et discuter avec Christopher. Elle ne m'adresse pas la parole, mais je sens son regard agacé posé en permanence sur moi. Elle m'examine, détaille mes tenues, s'irrite – j'en suis sûr – de me voir changer aussi souvent de toilette. Ce petit manège m'amuse et je me dis en mon for intérieur : « Ne t'inquiète pas, chérie, un jour tu vas revenir me voir... »

Et ce jour-là arrive.

– Dites-moi mon garçon, dans quelle boutique avez-vous acheté ce que vous portez ?

Je lui réponds avec un grand sourire :

– Je ne l'ai pas acheté, je l'ai fait moi-même !

– Ah bon ? Mais alors, je vous ai sous-estimé...

– En effet... Écoutez, si vous voulez, je peux faire un essai gratuit pour vous...

Deal ! Je tiens enfin ma revanche. Justement, Tracy a besoin d'une petite robe pour une fête donnée par le gouvernement de Sainte-Lucie. Tout le monde doit être habillé en blanc... Je lui confectionne une robe style « Jackie Kennedy », droite, toute simple, sans manches, avec un décolleté en V profond dans le dos...

Le lendemain de la fête, elle revient à la boutique, surexcitée, et elle me raconte que toutes ses amies lui ont demandé d'où venait cette merveille...

Et les commandes affluent ! J'ai du mal à fournir. Même si je travaille très vite, les nuits sont courtes, et le jour je dois avoir les idées claires pour me pencher sur les comptes de la boutique. Mais qu'importent le manque de sommeil, la fatigue : je suis heureux ! Les femmes les plus en vue de la capitale reconnaissent mes dons, je gagne un peu d'argent, je suis fier de pouvoir aider ma mère et ma sœur Cyrina. Cette manne arrive au bon moment : la famille s'est agrandie. Ma sœur aînée, Madonna, qui vivait en Martinique, est revenue avec un bébé sous le bras et Cyrina est enceinte de son petit ami... Ces nouvelles bouches à nourrir ne perturbent pas outre mesure ma mère, qui s'est remise à vivre de paquets de cigarettes et de romans à deux sous. La cohabitation à six dans ce minuscule appartement n'est pas simple – je dors par terre sur un matelas avec Cyrina et ma mère doit accueillir Madonna dans son lit – mais je fais avec. Je commence enfin à récolter le fruit de mes efforts.

*
* *

Chaque femme que je rencontre m'ouvre une nouvelle porte. J'habille à présent une bonne partie de la population féminine de Sainte-Lucie. Mon nom est sur toutes les lèvres chaque fois qu'il est question de chiffons. Ironie du sort : j'ai même pour cliente Vicky, la mère de Tracy ! Cette femme, foncée de peau (elle a eu Tracy avec un homme blanc), rondelette, les cheveux coupés à la garçonne, a un humour fou. Très vite, une complicité s'établit entre nous. Je lui explique ma situation familiale. Ma grande sœur Madonna veut jouer les chefs de famille, son fils pleure à tout bout de champ, Cyrina vit une grossesse difficile, et moi j'étouffe. Ces disputes incessantes, ces conflits ridicules pour savoir qui a raison ou qui a tort me pèsent de plus en plus. J'ai dix-huit ans révolus, je travaille dur pour gagner mon argent, je ne suis pas disposé à écouter les leçons de vie d'une gamine.

Je raconte tout cela à Vicky sans imaginer une seconde qu'elle va me proposer de venir habiter chez elle ! Et c'est pourtant ce qu'elle fait...

Ma précieuse machine à coudre sous le bras, une petite valise à la main, je pose le bout de mes escarpins dans un véritable paradis. La maison de Vicky n'est pas une maison, c'est un palace ! Je reste bouche bée devant cette villa blanche de style colonial, construite sur trois niveaux, et qui donne sur la mer. La lumière coule à flots à travers d'immenses baies vitrées. Par un escalier de bois, on accède directement à une plage privée. Je dormais par terre sur un vieux matelas rapiécé avec une sœur enceinte jusqu'aux yeux, je vais rêver seul, dans une chambre de vingt mètres carrés avec lit *king size* et salle de bains personnelle. J'ose à peine croire à ce qui m'arrive.

– 7 –

LA MER, LE SOLEIL ET LA FÊTE

Vicky voit et reçoit des gens importants, et elle me veut dans son sillage. Je m'habille, je l'habille, j'habille ses amis, nous devons être vus ! Le mot « sortir » n'a plus la même signification que par le passé. J'étais habitué au Lucifer's et aux *street parties*, ces fêtes dans la rue qui commencent le mercredi soir pour s'achever le dimanche à l'aube ; Vicky m'offre une autre version de la vie à Sainte-Lucie, plus « chic et fric » encore que ce que m'avait montré Lyn.

À ce moment-là, j'ai un ami styliste, John, homosexuel, que j'aime beaucoup. Une admiration mutuelle nous lie. Il ne se passe rien de physique entre nous. Je peux habiller, pas me déshabiller, John le sait. Me mettre à nu ? Jamais plus. Le sexe me fait toujours horreur et, chaque fois que je rentre tard dans la nuit, il me semble apercevoir des sosies de Matthew un peu partout, comme autant d'ombres menaçantes. C'est dire si le traumatisme perdure...

Un vendredi soir de juillet, en pleine période de « tourisme sexuel », John me demande de l'accompagner à une fête. Il veut me présenter à des jumeaux, allemands, qui seront présents.

– Ne t'habille pas trop féminin, me précise-t-il.

Je m'habille donc chic et sobre, en blanc. J'arrive chez John et, stupeur, je m'aperçois que mon ami, lui, arbore un look extrêmement efféminé ! En fait, il veut « avoir la vedette » auprès de ce couple de jumeaux que nous allons rencontrer... Nous arrivons à la soirée et, là, mon regard est immédiatement attiré – esthétiquement parlant, je le précise – par un homme blond, au physique de *bodyguard.* Il a de l'allure, de l'élégance, une tenue parfaite. Il me regarde comme on regarde un bel objet, avec un mélange d'admiration et de convoitise. Je passe mon chemin et je vais rejoindre Vicky. Elle est venue avec des amis. L'ambiance est détendue. J'oublie cet homme. Mais chaque fois que je me déplace, où que j'aille, je le retrouve planté devant moi. Quelques heures plus tard, je découvre qu'*ils* sont deux et que mon ami John, malgré son look affriolant, n'a marqué aucun point... Rudy – c'est le nom du premier jumeau qui a retenu mon attention – me joue le scénario habituel. Il est en vacances avec son frère pour deux semaines, il aimerait me revoir. Est-ce que je pourrais lui faire visiter la ville ? Ce soir-là, nous finissons la nuit au Lucifer's... sans John. Vexé de se voir ainsi délaissé, il nous a quittés brusquement.

Les jours suivants, Rudy et moi nous voyons quotidiennement. Mon jeune frère, Anthony, nous sert de *taxi driver*. Il n'a pas l'âge de conduire et pourtant il fait la navette entre l'hôtel de Rudy et la maison de Vicky. Il nous emmène au restaurant, puis en soirée ou à la discothèque, et il nous attend... Rudy le paye (plutôt bien) et moi je laisse faire, par faiblesse. Rudy ne me drague pas. Il est affectueux, gentil, il dépense beaucoup d'argent pour me sortir et me faire plaisir, et moi je me sens bien en sa compagnie. Deux jours avant son départ, je décide pourtant de lui parler. Il m'a avoué son amour, je ne dois pas le laisser plus longtemps espérer quelque chose qui ne se concrétisera jamais.

– Rudy, tu ne peux pas m'aimer, je ne suis pas la personne que tu crois que je suis. Je n'ai rien à t'offrir. J'ai été violé quand j'avais douze ans et, depuis, je suis vivant mais comme mort à l'intérieur. Il ne se passera jamais rien entre nous... On peut être amis, c'est tout.

Et je lui raconte Matthew...

Bouleversé par ma confession, Rudy me prend dans ses bras et, bizarrement, je n'éprouve pas le besoin de le repousser. Cette étreinte est amicale, sans arrière-pensée. Et cet homme que je connais si peu me propose soudain de le suivre en Allemagne ! Ébranlé par sa proposition, j'hésite. Je suis tenté mais, en même temps, mon instinct me souffle que cette vie qu'il m'offre ne correspond pas à mes aspirations personnelles. Je lui propose de rester en contact et m'engage à lui donner une réponse dans six mois...

Rudy retourne dans son pays et, dès le lendemain, il m'appelle... Dès lors, chaque semaine, je reçois des lettres enflammées. Rudy n'est pas amoureux de moi, il *m'aime* et me le dit chaque jour au téléphone...

Mais l'échéance des six mois approche et je me sens de plus en plus mal à l'aise. Rudy est possessif. Il me presse de donner ma réponse. Je ne vois pas comment je vais pouvoir m'intégrer dans sa vie. Nos parcours et nos objectifs sont si différents ! J'ai envie de m'épanouir dans la mode, lui a envie de s'épanouir dans *notre* histoire. Nous ne courons pas dans la même catégorie. Je suis indépendant, passionné, meurtri, et bien décidé à faire bouger les choses... Rudy « m'a », et cela suffit à son bonheur. Un jour, alors qu'il se montre de plus en plus insistant, je lui dis :

– OK, tu veux que je vienne en Allemagne, mais moi je rêve d'être styliste. Est-ce que tu crois vraiment que j'ai un avenir dans ton pays ?

La réponse fuse, catégorique :

– Si tu viens, il n'est pas question que tu travailles ! J'ai suffisamment pour nous faire vivre tous les deux... Si tu tiens vraiment à coudre, je peux t'acheter une superbe machine et tu feras des rideaux pour la maison...

Je ne crois pas ce que j'entends ! Moi, Vincent Mc Doom, je vais aller m'installer chez un homme qui veut que lui couse des rideaux !

Je dis « au revoir » à mon briseur de rêves.

*
* *

Je suis de plus en plus proche de Vicky. Je me sens bien chez elle. Nous sommes en parfaite harmonie. Je lui suis infiniment reconnaissant de me permettre de vivre dans un cadre si raffiné, de me présenter des gens importants (elle est la cousine du ministre de la Culture), il n'empêche que mon quotidien est difficile. Je suis passé d'un rez-de-chaussée minable à une villa hollywoodienne, d'une banlieue sordide à un quartier résidentiel mais, à part chez les amis de Vicky, les regards sur moi n'ont pas changé. Qu'ils soient pauvres ou riches, les gens me rejettent. Plus que jamais, la rue est pour moi le lieu de tous les dangers. On me lance des pierres, on ricane sur mon passage, on me crache dessus, on m'insulte. Les violences verbales et physiques augmentent en fonction du raffinement de mes tenues. Si je sors dans un ensemble sublime, avec de belles chaussures et des accessoires à la mode, je sais que je vais provoquer un véritable déchaînement. L'idée de me fondre dans une foule anonyme – tolérante – me travaille de plus en plus. Je dois absolument trouver le moyen de partir en Europe ou ailleurs. Mon ami John, qui est parti rejoindre son petit ami en Martinique, m'a proposé de venir habiter avec eux. Mais quitter Sainte-Lucie pour la Martinique n'est pas exactement le genre de changement que j'envisage. Il me faut quelque chose de radical, un vrai ailleurs et non une copie de ce que je connais déjà.

Vicky, qui me comprend mieux que personne, devine mes tourments. Elle s'occupe de moi comme elle le ferait d'un enfant. Elle me donne son amour, me réconforte, m'encourage, sèche mes larmes. Mais il y a la rue, l'extérieur avec ses agressions. Chez Vicky, je vis dans une prison dorée. La vue sur la mer, le confort, les canapés profonds et moelleux où je sombre dans une douce rêverie en m'injectant à haute dose mes feuilletons préférés. Or cette ambiance ouatée, presque trop sécurisante, amplifie la menace qui gronde au-dehors. Il m'arrive même d'avoir peur de sortir.

Mais une fois de plus, la chance arrive par les femmes. Je rencontre Claudia, un mécène en jupons qui s'occupe de réunir des créateurs et d'examiner avec eux la possibilité de leur permettre un jour d'exercer leur art. Tout comme Vicky, Claudia côtoie des gens influents, et parmi eux l'une de ses amies qui travaille au ministère de l'Éducation. Un jour elle m'annonce qu'elle peut, par l'intermédiaire de cette amie, m'aider à obtenir une bourse pour aller étudier dans une université américaine. Une proposition alléchante mais à double tranchant. Cette bourse me permettra de quitter Sainte-Lucie, sauf qu'elle concerne le domaine de la comptabilité et des affaires, pas le domaine de la mode... Ce n'est pas tout à fait ce que je souhaite, cependant Claudia me demande de réfléchir à cette opportunité... en attendant.

Je n'hésite pas longtemps. Je n'ai rien à perdre, et j'ai tout à gagner. J'ai bientôt dix-neuf ans et cette bourse m'offre la possibilité de quitter une île où, malgré mes récents succès, je continue à panser mes blessures. Je remplis mon dossier de candidature. Il est accepté. Et je fredonne tout bas, juste pour moi : *I'm leaving, I'm leaving on a jet plane... I don't know when I will be back... I'm leaving...*

Je rêvais de partir pour Paris, me voici en route pour les États-Unis. Et ce n'est pas la tour Eiffel que j'apercevrai en premier mais la statue de la Liberté...

– Troisième partie –

JE PARS...

– 1 –

À NOUS DEUX, NEW YORK !

Quelques jours avant mon départ, je revois Matthew, par hasard, sur la plage... Les hallucinations qui continuent de me tourmenter deviennent réalité. Il est trois heures de l'après-midi, je rentre chez Vicky. Je suis pressé, je ne veux pas manquer le début de mon *day time soap*. Je suis seul, il est seul. Il est à l'autre bout de la plage mais je ne peux pas me tromper. Cette silhouette trapue, ce dos légèrement voûté, ce costume sombre : la fiche signalétique est criante de vérité. De près, de loin, de face, de profil, de trois quarts, de jour ou de nuit, je le reconnaîtrais...

Il avance dans ma direction. La peur imprime des images de haute définition, des images qui, à l'inverse des Polaroid, ne virent jamais au jaunâtre ou au sépia. *Saint Lucia, pray for me*... Lorsque je réalise dans ma chair que mon violeur marche vers moi, je hurle de toute mon âme. Je le vois s'arrêter au loin. Je sais qu'il m'a reconnu. Le temps de quelques secondes interminables, il demeure immobile, comme sous le choc d'une décharge électrique, puis il fait demi-tour et disparaît derrière un bidonville.

– Est-ce que vous avez besoin d'aide ?

Un groupe de touristes, alerté sans doute par mon cri déchirant, s'est approché.

– *It's OK, I'm fine...*

Le corps parcouru de spasmes, je me laisse tomber sur le sable et je pleure, comme cet enfant que je ne suis plus. *Matthew*... Pourquoi ?

Je me repasse le film de cet épisode dans l'avion qui me transporte vers une autre vie, loin, très loin de mon bourreau, mais de plus en plus près de mon but. Un jour, *petite voix deviendra grande...*

*
* *

Kennedy Airport, tout le monde descend... L'arrivée à New York est moins rose que dans mon imagination. Tout est *très* quelque chose. Très grand, très bruyant, très dépaysant. Je parle anglais et, pourtant, j'ai l'impression que personne ne me comprend. J'aime cet endroit, mais il me fait peur. Mariza Moulina, une copine styliste portoricaine, est venue me chercher. Je vais habiter chez elle pendant quelques jours, le temps de regagner *The Corning University* qui se trouve à Elmira, soit à plus de trois heures de bus de Manhattan !

À Sainte-Lucie, les distances me paraissaient déjà importantes lorsque je devais gravir des collines et marcher des kilomètres et des kilomètres pour vaquer à mes nombreuses occupations d'enfant esclave ; à New York, elles sont démentielles. Il n'y a pas de centre ville, il y a *des* centres villes, avec non pas des rues mais des *blocks*. Blacks, Indiens, Indonésiens, Italiens, Espagnols, Juifs, tous ont « leur » quartier, leurs boutiques, leurs églises, leurs temples, leurs synagogues. Je n'habite plus une bicoque paumée au sommet d'une colline ni même une villa en bord de mer, j'ai à présent une adresse très compliquée avec des chiffres, des lettres, des codes !

Mariza, chez qui je loge provisoirement, travaille avec Bill Blass, un des plus grands stylistes américains. Durant ces quelques jours, elle va m'emmener dans les ateliers du célèbre créateur. J'ai l'impression de faire un plongeon – agréable celui-là – dans un passé pailleté... Ce fameux jour où ma grand-mère m'a emmené chez Miss Steeve pour la première fois. Certes, la naissance de ma vocation est à l'origine de bon nombre de mes tourments, mais je ne regretterai jamais l'ambiance colorée, créative, de la minuscule boutique de mon enfance.

Dans l'effervescence de la ruche de Bill Blass, j'oublie presque qu'un autre challenge, plus austère, m'attend. Je n'ai pas obtenu une bourse pour travailler dans la couture, j'ai obtenu une bourse pour accroître mes connaissances en comptabilité, gestion et droit des affaires. Je dois me présenter à l'université si je ne veux pas être renvoyé à Sainte-Lucie par le premier avion... Néanmoins, j'obtiens de Mariza la promesse qu'elle me prendra sous son aile pour des stages dans le sacro-saint temple de son patron. Je vais aussi l'aider à réaliser des tee-shirts pour l'anniversaire célébrant la découverte de l'Amérique et de Porto Rico par Christophe Colomb.

Contrairement à mes craintes, la vie à l'université me plaît. Je veux revenir à Sainte-Lucie diplôme en poche. Je connais ma chance de pouvoir continuer mes études dans un pays étranger. Je connais surtout ma chance d'avoir réussi à mettre des milliers de kilomètres entre mon bourreau et cette victime que je ne veux plus jamais être.

Dans un premier temps Mariza joue les guides, puis je pars tout seul à la conquête de cette ville fascinante où toutes les cultures se mélangent et où l'art tient une place importante. Dès que j'ai un peu de temps libre, le week-end, je prends le *Greyhound bus* direction Manhattan et tant pis pour les trois heures et demie de route ! Je cours les musées, les expos – je me prends de passion pour Andy Warhol – et bien sûr je fais les boutiques, juste pour le plaisir d'admirer de belles choses, car je dois faire très attention à mes finances ! Je découvre aussi avec ravissement le célèbre musée du verre, *The Corning Glass Factory*, qui se situe à quelques pas de mon université, à Corning.

Tous les étudiants détenteurs d'une bourse sont logés au dernier étage d'un très vieil hôpital. J'occupe une chambre minuscule, assez cafardeuse, mais au moins j'y suis seul. Un lit, une lampe à l'éclairage faiblard, une commode et un placard pour ranger mes affaires constituent le mobilier. Pour travailler les étudiants doivent monter au grenier, transformé à cet effet en bibliothèque. Je m'investis beaucoup dans mon travail. Mes efforts ne sont pas vains : je me sens parfaitement intégré et mes notes sont plus qu'encourageantes. Mes camarades, de nationalités différentes, sont sympathiques et nous nous réservons quelques (très rares) moments de détente dans cette petite ville typiquement américaine. Car nous travaillons dur. À Sainte-Lucie les gens s'amusent, puis travaillent ; à New York les gens travaillent et, s'ils en ont encore la force ou l'envie, ils s'amusent...

New York, c'est aussi une vie nocturne agitée dans laquelle m'entraîne Mariza. À Sainte-Lucie, c'est *sea, sex and sun*, à New York, c'est *music, fashion and drugs*... Dans le milieu de la mode, la drogue circule. Toutes les drogues. Je n'ai pas de mal à rester *clean* : ma peur d'être abusé ne me quitte jamais. Nul besoin pour moi de « leçon de prévention », je me veux toujours à l'affût du danger, de ce dérapage parfaitement contrôlé qui mène l'assassin à assouvir sa soif de sordide.

Trois années s'écoulent ainsi, calmes, tranquilles, rythmées par mes cours et les sorties avec Mariza. À son contact, mon goût s'affine et mon côté androgyne s'affirme. J'ai troqué mes petits tops crochetés ou pailletés pour un *look* à la Jane Birkin, masculin-féminin, chic et sobre : débardeur et *jeans*. Mais ma passion pour les chaussures de femme très sophistiquées demeure intacte et je continue, hiver comme été, à arpenter le bitume fumant de

New York sur mes talons aiguilles. Ici, chacun s'habille – ou se déshabille ! – comme il le souhaite, personne ne trouve rien à y redire. Toutes les tendances cohabitent, faisant de cette ville un gigantesque podium. La différence n'est plus une marque de fabrique, la différence *est*. À Central Park, les petites vieilles font leur jogging avec des bigoudis sur la tête pendant que les *homeless* parlent tout seuls en poussant leurs chariots remplis d'objets de récup' ; d'autres arborent des piercings, des tatouages, d'autres encore méditent ou piqueniquent au milieu des écureuils. Le mot « tolérance » prend ici toute sa signification. Et pour moi le simple fait de ne pas être regardé dans la rue comme un phénomène dérangeant me ravit, m'emplit de cette sérénité après laquelle je courais, en vain, dans mon île.

Je téléphone souvent à Sainte-Lucie pour avoir des nouvelles de ma famille, mais durant ces trois années je n'y retournerai pas une fois, ni pour Noël, ni pour les vacances d'été. J'ai voulu cette parenthèse, je l'ai attendue si longtemps... Je veux la vivre à fond, sans *break*, pour faire le plein d'images, de sensations. J'ai désiré un ailleurs parce que je ne pouvais plus maîtriser le présent, souillé de ces nuits rythmées par la hantise cauchemardesque de Matthew et par la haine récurrente de tous ces îliens qui me considéraient comme une bête de cirque. Je veux profiter de cet ailleurs.

Un ailleurs qui touche néanmoins à sa fin : j'obtiens mes diplômes sans problème. Je n'ai pas envie de quitter l'Amérique et pourtant je sais que je n'ai pas le choix. Dans l'horrible *Greyhound bus* qui me conduit à l'aéroport, je me raisonne. Est-ce vraiment aux États-Unis que je souhaite vivre ? Non. Il s'agit d'une transition. Mon rêve se situe de l'autre côté de l'Atlantique. En revanche, l'idée de revoir Sainte-Lucie me rend malade. Je sais pourtant qu'avec ces diplômes de niveau supérieur je vais pouvoir prétendre à un travail dit « important »... *So what ?*

– 2 –

RETOUR À LA CASE DÉPART

Le lendemain de mon retour sur l'île, je me heurte à Matthew, dans la rue principale. Le cauchemar ne cessera-t-il donc jamais ? Même silhouette baraquée, même regard noir, même mépris dans la démarche et l'attitude, trois années ne l'ont pas plus changé que trois jours, il respire toujours la bestialité et le crime impuni. Fatigue due au décalage horaire, douleur des souvenirs qui remontent à la surface, vertige devant l'immutabilité des choses, je hurle, comme l'autre fois sur la plage... Mais là, personne ne vient à mon aide. C'est tout juste si on ne me montre pas du doigt. *Oh my God* ! Rien n'a changé, tout est pire. *Trois ans, comme trois jours...*

Je ne veux pas avoir de nouvelles de Matthew mais on m'en donne. J'apprends que pendant mon absence il est parti, lui aussi, étudier à Londres et passer des diplômes pour asseoir sa position sociale. À présent il n'est plus rédacteur en chef du quotidien *The Voice*, il occupe le poste de recteur d'Académie... Plus tard, beaucoup plus tard, lorsque mes relations avec ma tante Kate se seront apaisées, j'entendrai de sa bouche les détails de ce séjour en Angleterre, qui ne fut rien d'autre qu'une escapade de mâle capricieux assoiffé de pouvoir et de sexe. Une autre de mes tantes vit à Londres. Elle a accepté d'héberger ce cher *Uncle Matthew* ; quoi de plus naturel, *il fait partie de la famille...* Et chez nous, le mot « famille » est un paravent derrière lequel tout et n'importe quoi se passe, pour le meilleur comme pour le pire. Ma tante a trois filles et Matthew le vice dans la peau. Masculin, féminin, peu lui importe. Il semble avoir une préférence pour les jeunes garçons, mais une fille, pourquoi pas ? Son choix se porte sur une de mes cousines. Il commence les attouchements, persuadé que ma cousine se taira comme moi autrefois. Mais elle va se plaindre à ses parents... Et, loin de se voiler la face, ceux-ci mettent dehors le pseudo-étudiant avide de chair fraîche. Matthew n'a d'autre solution que de se replier dans une chambre... J'apprendrai aussi qu'il feignait, là-bas, de ne pas avoir d'argent, et en réclamait à sa femme. Ma tante Kate travaillait à la banque. Elle avait une bonne situation, mais aussi trois enfants, une maison en cours de construction. Et son mari lui réclamait de l'argent de poche ! *Cher Uncle Matthew... Un homme si bien, si gentil, un si bon parti...*

Quoi qu'il en soit, nous sommes rentrés « ensemble » à Sainte-Lucie, à quelques jours d'intervalle. Coïncidence incroyable et cruelle. J'appréhendais ce retour, voilà que je le maudis. Existe-t-il un lieu, quelque part, où je puisse vivre en paix ? Je retourne vivre chez Vicky. Trois années ont passé. J'ai changé, j'ai évolué, j'ai appris des choses, je me suis fabriqué une nouvelle armure. J'ai tiré profit de toutes les rencontres passionnantes que j'ai faites. Je ne reviens pas seulement avec des diplômes en poche, je reviens avec un vécu. Le décalage est à la taille de la ville de New York : gigantesque, affolant, complètement déstabilisant. Ici, rien n'a bougé d'un millimètre. Les gens se traînent sous le soleil, ils travaillent peu, ne s'intéressent à rien, n'ont ni rêves, ni passions. Bien sûr, je retrouve avec bonheur toutes les feuilles de mon arbre généalogique... De la plus petite à la plus grande, de la plus verte à la plus fanée, de la plus fragile à la plus vigoureuse : Anthony, Juliana, Cyrina, Donovan, Vaughn, La Toya, Justina, Edmund, Susan, Kelvin, Monique, Anico, et j'en oublie, car mon célèbre géniteur a continué à semer des graines en mon absence. Je retrouve ma chère grand-mère, ma mère. Tous et toutes sont là, inchangés, comme figés sur une photo de classe qu'on ressort les jours de grand blues. Dire alors que je me sens mal est un euphémisme : je me sens déconnecté, déraciné, alors que je suis précisément de retour sur ma terre... Ces sentiments contradictoires et troublants me perturbent. Heureusement Vicky est là, débordante d'affection et d'ondes positives.

*
* *

Quelque temps après mon arrivée, on prépare l'anniversaire de l'indépendance de l'île. La communauté française s'est agrandie. Une « vraie » ambassade de France vient de s'installer, desservant toutes les Petites Antilles. Cette ambassade travaille en étroite collaboration avec John Compton, le Premier ministre de l'époque, qui est aussi le cousin de Vicky... On multiplie les manifestations, couvertes par une presse en effervescence. Le prince Charles en personne va venir à Sainte-Lucie ! C'est l'occasion rêvée pour essayer de créer notre propre événement. Lyn me propose de la rejoindre chez *Jen's*, la petite structure de mode qu'elle vient de mettre en place. Elle dessine, moi je couds. Nous allons ainsi imaginer et produire une ligne de vêtements – blancs – pour les touristes. Petit « plus » original : nous taggons à la bombe des lettres, des dessins, des chiffres.

Pour la grande soirée anniversaire, John Compton décide d'organiser, à l'ambassade, un immense défilé de mode destiné à montrer Sainte-Lucie sous un jour à la fois festif et artistique. À la fin, des prix seront distribués. Tous les mannequins de l'île sont sur le pied de guerre ! Il est convenu que je défilerai pour la société de Lyn mais, en secret, je mûris un autre projet... Sous prétexte que j'en ai besoin pour la cérémonie d'anniversaire, je récupère presque tous les vêtements que j'ai confectionnés, à la fois pour mes copines, mes sœurs et des femmes de la haute société, comme l'inoubliable Tracy qui m'avait cru incapable de rivaliser avec les modèles du *Vogue*...

Par chance, toutes ces femmes ont plus ou moins les mêmes mensurations que les miennes. Le soir de l'inauguration, je déambule sur le podium avec les vêtements que nous avons créés Lyn et moi, puis à la fin de la présentation j'annonce fièrement, avec un aplomb sans pareil :

– Et maintenant, pour conclure le défilé, voici les vêtements du jeune créateur Vincent Mc Doom !

Dans la salle de fêtes de l'ambassade, le silence est tel qu'on pourrait entendre une épingle tomber...

Et me voilà qui passe et repasse avec mes propres créations devant une assemblée prestigieuse exclusivement composée de ministres, d'attachés culturels, de hauts fonctionnaires du gouvernement. Lorsque j'effectue mon dernier passage, je sais que j'ai gagné. Quoi ? Je l'ignore encore mais j'ai tenu en haleine tous ces gens souvent blasés, si difficiles à éblouir, et ça c'est mon plus beau cadeau.

Meilleurs tissus, meilleures couleurs, meilleure créativité... *Jen's* rafle six prix. Je suis ravi pour Lyn et pour moi. Puis vient le moment de la remise du prix du meilleur jeune créateur... Dans les coulisses, stylistes et mannequins retiennent leur souffle. J'entends mon nom dans une sorte de brouillard. Et je comprends soudain qu'à nous deux, Lyn et moi avons ramassé tous les prix ! Je reviens sur le podium, en larmes, fou de joie. L'attaché culturel monte sur scène. Il me serre la main et me félicite chaleureusement :

– Au nom du gouvernement et de l'ambassade de France, merci pour ce travail magnifique ! Nous sommes convenus ensemble de vous offrir une bourse pour aller travailler à Paris, chez Monsieur Yves Saint Laurent.

Ma stupeur semble amuser l'attaché culturel, qui en rajoute :

– Et maintenant, Vincent Mc Doom va pouvoir marcher sur les Champs-Élysées, faire du shopping dans les grands magasins et côtoyer pendant trois mois les plus grands créateurs !

Je vis la suite de cette journée unique comme un film merveilleux dont je suis le héros ébloui. D'abord New York, et maintenant Paris ! Mannequins, créateurs et personnalités font la fête jusqu'à l'aube. Je rentre chez Vicky la tête pleine de *Tomorrow*. Cette chanson me suit comme mon coussin d'enfant dans tous mes voyages, les « faux » – la télévision et les magazines de mode que je consomme sans modération – et les « vrais », aujourd'hui mon départ pour Paris... Je m'endors sur un remix que je viens de composer, juste pour moi, rien que moi : *Tomorrow, tomorrow... it's only a day away... Tomorrow, I'm leaving, I'm leaving on a jet plane... And I don't know when I will be back...*

*

* *

Le lendemain, à ma grande surprise, je fais la une de tous les quotidiens de Sainte-Lucie. Il faut savoir que dans les îles, cette fameuse première page est réservée aux politiciens, jamais aux créateurs. Le talent artistique est totalement ignoré et ce qu'on appelle la « célébrité » dans les autres pays du monde n'existe pas. Au mieux, la création sert à amuser la galerie, quand cela est nécessaire. À Sainte-Lucie, les vraies personnalités sont les hommes du gouvernement. Ils peuvent faire et défaire. Tout. Ils ont l'argent, donc ils ont le pouvoir. On les envie, on les craint. Pourtant ce sont des hommes comme les autres, avec leurs failles, leurs névroses, leurs démons...

Et voilà que je vole la vedette à ces héros ! Voilà qu'on parle de moi, de cette petite *taffiole*, de cette Miss Steeve insolente qui a osé refuser de devenir prêtre ou mécanicien et qui s'est fait jeter de toutes les banques de la ville à cause de son *look* de tapette. On parle de moi. Et il ne s'agit pas de *business*, de comptabilité, de finances – je suis tout de même revenu diplômé d'une prestigieuse université d'Amérique ! –, il s'agit de mode. Enfin ! Ma mode.

Les accroches sont plus élogieuses les unes que les autres : « Vincent Mc Doom, un jeune créateur talentueux... Vincent Mc Doom ira loin... Un nouveau talent est né... La mode a trouvé un créateur hors du commun... Hier soir, un parterre prestigieux a pu assister à un *show* impressionnant donné par un jeune inconnu, Vincent Mc Doom... » Le *Star* me consacre même sa couverture : « Vincent

Me Doom va aller à Paris pour faire un stage chez un grand créateur... » Par la suite, le rédacteur en chef de ce quotidien me demandera de faire le stylisme des publicités de mode. C'est moi qui habillerai les mannequins locaux. Je poserai, aussi... Je suis devenue une « pseudo-personnalité » dans le milieu de la mode à Sainte-Lucie.

La tête me tourne, mais je garde les pieds sur terre. Il m'arrivera, peut-être, de me prendre les talons dans un soupirail ou une marche d'Escalator, je pourrai les casser en deux et pleurer une belle paire de chaussures qui résistera au plus talentueux des cordonniers, mais je resterai toujours debout... Défiler ici, défiler ailleurs, marcher ici, marcher ailleurs, avec une seule pensée : *ma voix, ma voix pour les enfants*... En anglais, en français, en créole, une voix reste une voix. Quelque chose me dit que j'avance. Lentement mais sûrement. Si bizarre que cela puisse paraître, je suis un coureur de fond, et le fait de porter des baskets ne me ferait pas avancer plus vite. Mes talons traversent le bitume comme une aiguille traverse le tissu. Mes points et mes pas sont réguliers. Ils me mènent à la lisière de l'étoffe, ils me conduisent au bout du chemin. Et sur ce chemin-là, aucun risque de se perdre. Il n'y a ni envers ni endroit. Il y a la vérité, point.

*
* *

Vigie Airport... Sainte-Lucie... Vicky, ma mère, ma grand-mère, mes cousins et cousines, mes amis... j'ai dit au revoir à tout le monde. Ce départ, je le sais, je le sens, n'a rien à voir avec mon départ pour New York. La bourse que j'avais obtenue pour l'Amérique me transportait vers un pays, pas vers une vocation. J'étais content de quitter l'île mais je savais ce qui m'attendait : des bouquins, des examens, du travail, des chiffres... Un monde cartésien, à l'ouest des chiffons. Cette fois-ci, j'ai pleinement conscience de ce que je vis. Je pars, avec mes maigres économies – j'ai clos mon compte en banque, comme si inconsciemment je n'avais pas envie de revenir au terme des trois mois de stage –, pour un pays dont je ne connais pas la langue. Je m'embarque dans une aventure de longue haleine et, même si j'en éprouve de l'excitation, cette notion d'inconnu m'inquiète.

Aéroport de Fort-de-France, sept heures du matin... embarquement pour Paris-Orly... Je ne vais pas voyager seul sur ce vol long-courrier : une angoisse profonde va me tenir éveillé, le cœur battant, une dizaine d'heures environ, jusqu'à ce que le capitaine de bord récite l'annonce habituelle :

– Mesdames et messieurs, veuillez attacher vos ceintures et relever vos tablettes, nous allons commencer notre descente sur Paris-Orly... Le ciel est nuageux, la température au sol est de 10 °C...

Oh my God ! Il fait froid !

– 3 –

DU RÊVE À LA RÉALITÉ

Le 15 avril 1989 je débarque à Paris... Date, adresse, climat, je me souviens de tout avec précision. Comme l'a annoncé le capitaine de bord, il fait gris. Et froid, pour moi qui suis habitué à la chaleur humide des tropiques. Je suis littéralement transi dans mon petit top sans manches, mon pantacourt et mes sandales d'été à lanières. Mes doigts de pied, habitués aux rayons du soleil, sont recroquevillés.

Je dois me rendre à une adresse qu'on m'a donnée. Là, quelqu'un m'attend. J'ignore tout de la suite des événements. Pour l'instant, il faut que je me débrouille seul. À l'aéroport, j'ai changé juste de quoi parer aux dépenses les plus urgentes. Complètement déconnecté, je fais la queue pour prendre un taxi. Mon tour venu, je tends au chauffeur, sans un mot, le morceau de papier où est inscrit le lieu de mon rendez-vous : 22, rue de la Grange-aux-Belles, dans le Xe arrondissement... C'est parti...

En route, malgré ma fatigue profonde et toujours cette angoisse sourde qui me maintient dans une tension extrême, je dévore le paysage. Ça bouge, chic ! Mais ça ne bouge pas comme à New York. À travers la vitre de la voiture, je regarde les rues défiler. Les gens me semblent moins agités, les artères plus calmes. Le chauffeur essaie de me parler. Je ne comprends absolument rien. Pas un mot. Je mime ma désolation de ne pouvoir communiquer. Le chauffeur sourit. Il me dépose à l'adresse indiquée avec ce que je pense être un petit signe d'encouragement.

Première déconvenue : l'adresse n'est apparemment pas la bonne... Je refais le code plusieurs fois, la porte cochère ne s'ouvre pas. Paniqué, je regarde la feuille de papier. Sous l'adresse est inscrit un numéro de téléphone. Les téléphones, en France, n'avaient pas encore dix chiffres à l'époque et les télécartes n'existaient pas. J'ai devant mes yeux huit numéros. Ma vue se brouille. Je ne sais pas téléphoner. Je relis plusieurs fois ces chiffres. J'ai l'impression d'être le candidat malchanceux d'un jeu impossible à maîtriser. Je suis seul, sur le trottoir, ma valise à la main, et complètement désespéré. Quelques passants s'arrêtent, me regardent comme si j'étais une prostituée. On m'adresse la parole, je ne réponds pas. De toute façon, je ne comprends toujours rien.

Soudain, je vois quelqu'un composer le code de l'immeuble devant lequel je me trouve. Je m'engouffre derrière lui. Et je me retrouve face à une sorte de squat pour sans-papiers ! L'immeuble est dans un état d'insalubrité indicible. Des ordures en vrac et des sacs-poubelle éventrés jonchent la cour pavée. Une odeur nauséabonde d'égout me soulève le cœur. Je croise un jeune Black et un Beur, approximativement du même âge, qui discutent violemment entre eux. Il est question de drogue. *Drug*... OK, enfin un mot que je comprends, même s'il ne me « parle » pas. Et en matière de *deal*, je préférerais échanger ma paire d'escarpins contre un sandwich et une boisson. La tête me tourne. Et pour cause, je n'ai rien mangé depuis le plateau-repas de l'avion. Je tiens à peine sur mes jambes. Une seule chose m'obsède : reprendre le premier vol pour Sainte-Lucie. Un bidonville là-bas est plus propre que cette cour répugnante. *Oh my God !* On est bien loin d'Yves Saint Laurent et de la tour Eiffel... Qu'est-ce que je fais ici ? Et puis j'ai peur. Je ressors sur le trottoir. Je m'assieds sur ma valise et laisse couler mes larmes. À flots. Je suis en colère, mais je ne sais pas contre qui ni contre quoi. *I cry my soul*... Je pleure mon âme, j'emploie souvent cette expression car elle traduit parfaitement ce que je ressens lors de mes moments d'extrême détresse. *I cry my soul* dans l'indifférence générale. Un désintérêt qui ne m'étonne guère : je suis dans une grande ville, et les grandes villes se ressemblent toutes sur un point : *c'est chacun pour soi et Dieu pour tous*...

Pleurer me fait du bien. Mon stock de larmes épuisé, je me lève, j'essuie mes yeux, j'arrange ma tenue, de nouveau prêt à me battre pour ma vie. Je dois téléphoner. J'avise un café, d'apparence miteuse, au bout d'une rue qui a des allures de coupe-gorge. Je pousse la porte vitrée. J'ai découvert un vague moyen de communiquer : je m'agite un peu, je fais des gestes, je papillonne des yeux, je désigne du doigt les choses, je force l'intonation de ma voix. Voilà qui présente au moins l'avantage d'attirer l'attention. Je montre au patron le combiné posé sur le comptoir. Le patron secoue la tête et me désigne une porte, au fond du café, sur laquelle est inscrit le mot *toilettes. Toilets*... OK, voilà un autre mot que je peux décrypter. Si la langue française est ainsi faite, je vais pouvoir m'en sortir... À côté de l'inscription, il y a un logo représentant un téléphone. Je reprends courage. Je m'apprête à descendre lorsque le patron me rappelle. Il me fait comprendre que je dois payer. Et je découvre que je dois payer non seulement pour passer mon coup de fil, mais aussi pour faire pipi ! J'échange un billet contre de la monnaie, sans la moindre notion des équivalences. Que ce soit à Sainte-Lucie ou à New York, je n'ai « appris » qu'une seule devise : le dollar. Tout ce que je peux faire, c'est miser sur l'honnêteté du cafetier. Ce dernier me montre quelle pièce de monnaie je dois utiliser pour téléphoner.

Je fais un premier essai, un deuxième, puis un troisième. Je m'embrouille avec les chiffres et je suis exaspéré d'entendre toujours la même voix au bout du fil, qui doit certainement me raconter que *le numéro demandé n'est pas attribué* et qu'il faut que je consulte l'annuaire... L'annuaire... Cette espèce de mille-feuilles jaune canari à la couverture arrachée, aux pages couvertes de taches de café et de traces de doigts sales. Autant de crasse me soulève le cœur. De nouveau au bord des larmes, je supplie Dieu de me venir en aide... Et j'obtiens enfin la liaison avec mon correspondant ! M. Leroux – c'est son nom – baragouine quelques mots d'anglais.

– Mais où êtes-vous donc ? me demande-t-il.

– Je suis au *twenty two* de la *roue* Grange-aux-Belles...

– Ah, mais non ! s'exclame-t-il, vous vous êtes trompé. Nous ne sommes pas au *twenty two*, nous sommes au 12, je veux dire au *twelve*...

Ivre de fatigue, dans un état de stress incommensurable, je lui demande de venir me chercher. Quelques minutes plus tard il arrive et me conduit au n° 12, siège de l'association qui prend en charge les étudiants étrangers. Là, après avoir rempli une tonne de papiers, j'apprends que ce n'est pas chez Monsieur Saint Laurent que je vais faire mon stage, mais chez Paco Rabanne, un autre grand créateur. Il y a un véritable monde entre ces deux couturiers, mais je sais que je ne perds rien au change. J'aime le style dépouillé et chicissime de Saint Laurent mais j'aime encore plus l'excentricité flamboyante de Paco. Je m'amuse en pensant que ces deux extrêmes qui, chacun à sa façon, ont marqué leur époque, reflètent parfaitement ma personnalité.

On me met dans un taxi : direction l'avenue de La Motte-Picquet, dans le VIIe arrondissement, où je vais « prendre possession » de mon logement.

*
* *

Si je suis soulagé de savoir enfin où je vais et ce que je vais faire, j'ai en revanche une légère inquiétude concernant mon habitation. Certes, j'ai survécu à tous les cas de figure et le fait de dormir par terre ne m'effraie guère, mais je sais aussi que, dans ce domaine, il existe toujours pire. Je ne suis pas le fils d'un génie de la construction inachevée pour rien ! Et me voici arrivé...

Si le quartier semble plutôt chic, en revanche le *building* n'annonce rien de très bon... Je paye le taxi, et je passe le porche de ma nouvelle demeure. Je suis attendu... La gardienne, une énorme mama portugaise, m'accompagne au dernier étage, sous les toits, et m'ouvre la porte de ma chambre. Une chambre ? Non, un cagibi. Atterré, je réussis, non sans mal, à comprendre les propos de mon guide, laquelle ne fait aucun effort pour ralentir son débit ou essayer d'atténuer ma détresse. Les effluves de nourriture africaine qui envahissent les escaliers me font presque tourner de l'œil. La concierge me tend la clef, en m'expliquant avec diverses mimiques que je dois lui remettre cette clef chaque fois que je sors. Je suis également prié de ne recevoir personne sous mon toit ! Il est clair que ce n'est pas ici que je vais organiser une *huge party*, et encore moins faire monter les gens importants que j'espère encore rencontrer, cela malgré mon profond découragement...

Mon trou à rats donne sur la rue, bruyante à souhait. J'ai un lit, un bureau, une chaise. La demi-penderie dans laquelle je suis censé ranger mes affaires dégage une forte odeur de moisi. Le « reste » se trouve sur le palier... Je pose ma valise et, comme un somnambule, je m'en vais visiter les toilettes et la douche. J'en ressors aussitôt, au bord du malaise. Les sanitaires sont hors d'usage. Dégoûté, je retourne dans ma chambre et je me jette sur mon lit, appelant le sommeil de toutes mes forces.

Je vais rester cloîtré ainsi pendant un mois, ne descendant dans la rue que pour acheter une baguette de pain et un pack de yaourts à l'épicerie du coin. Je me lave comme un cow-boy, avec un gant de toilette et un morceau de savon, en prenant soin de ne toucher ni au lavabo, ni à la cuvette des W-C, répugnante de crasse. Je passe mes jours et mes nuits allongé sur le matelas pourri qui me sert de couche, la tête tournée vers la rue.

À peine commencé, le rêve a viré au cauchemar, comme souvent d'ailleurs dans ma vie. Quelques jours ont suffi pour que je devienne autiste, paranoïaque, hypocondriaque, insomniaque...

– 4 –

SUR LE FIL DE LA MODE

J'ai peur de sortir. Je ne sais pas parler la langue. Je n'en ai même pas envie. Je ne dors quasiment plus, je reste des heures entières à la fenêtre à observer le manège des piétons dans la rue. Et ça défile ! Je suis si déboussolé que j'ai perdu tout sens logique. Je ne réalise pas que cette foule qui se presse sort directement de la bouche du métro École-Militaire. Je ne réalise pas non plus que cette bouche de métro se situe juste sous ma fenêtre ! Quand je sors faire mes courses, je découvre avec stupéfaction que de six heures à huit heures du matin les gens parlent français, et le reste de la journée anglais. Et ça monte et ça descend les marches, vite, tellement vite. Le ballet incessant de tous ces êtres bizarres qui ressemblent à des petites fourmis en plein *business* met un soupçon de gaieté dans mon état dépressif. Quelque chose m'intrigue : je suis en France et pourtant j'assiste à un véritable défilé d'étrangers. Ce n'est pas normal...

Un jour, je prends mon courage à deux mains et je décide de m'aventurer un peu plus loin que mes deux ports d'ancrage : la boulangerie et l'épicerie. Et là, ô stupeur, voilà qu'*elle* s'offre à moi dans toute sa splendeur. Je traverse le Champ-de-Mars et enfin, je comprends tout. La tour Eiffel ! C'est elle qui draine tous ces étrangers ! J'ai sous les yeux la copie exacte de la couverture de ce bouquin à l'eau de rose que j'ai dévoré il y a quelques années... D'un seul coup je retrouve tout mon courage, un peu comme si je venais d'avaler un cocktail survitaminé. Bizarrement, je reste à l'écart de la plus virtuelle des femmes de ma vie. Je me contente de l'admirer de loin. Le simple fait de la savoir là, si proche de mon cagibi, me donne un véritable coup de fouet. J'habite peut-être un gourbi, mais le voisinage vaut le détour. Dans son habit de lumière, la belle de mes rêves veille sur moi. Du coup, je me sermonne intérieurement : « Vincent ! Ce n'est pas sérieux. Voilà bientôt un mois que tu aurais dû te présenter pour ton stage... Il faut bouger ! C'est le moment de prendre le taureau par les cornes... »

Je passe une nuit agitée, mais mes angoisses ont totalement disparu. Je me lève, bon pied bon œil, prêt à toutes les audaces. Je me lave, je m'habille avec soin. Royal, je descends. Je frappe à la porte de la loge de la gardienne. Elle m'ouvre et me regarde, stupéfaite, comme si j'étais une apparition. Je lui demande de m'expliquer comment me rendre rue du Cherche-Midi, où se trouve Paco Rabanne. Tant bien que mal, nous arrivons à nous comprendre. Et je m'engouffre pour la toute première fois dans cette bouche de métro dont j'observe les allées et venues depuis un mois...

Après m'être égaré plusieurs fois dans les couloirs souterrains, je finis par arriver à bon port chez le couturier que Coco Chanel appelait « le métallurgiste ».

L'atelier ressemble à une ruche. Je tombe à la fois dans la préparation de la collection d'hiver 1990 et dans le lancement du dernier parfum de Paco, donc en pleine effervescence. Je me présente, en anglais, à une jeune femme. Mon nom lui est familier. Et pour cause... On m'attend depuis plusieurs semaines ! Je bafouille des excuses. On me donne des papiers à remplir. Puis M. Henri, le chauffeur de Paco Rabanne, me raccompagne en voiture au métro, il m'achète même un carnet de tickets ! Je rentre dans mon gourbi surexcité. Et dès le lendemain, je rencontre le créateur.

– Ah, Sonia ! s'exclame-t-il dans un anglais parfait, mais vous êtes en retard, vous deviez venir pour les essayages !

Persuadé qu'il s'adresse à quelqu'un d'autre par-dessus mon épaule, j'ignore sa remarque. Je me sens un peu gêné. Il s'approche plus près, revient à la charge. Cette fois-ci, je ne peux me soustraire à son regard perçant, planté droit dans le mien :

– *Come forward* !

– *Me* ?

– *Yes, you* !

– *But I'm not Sonia, I'm Vincent.*

– *You're a boy* ?
– *Yes...*
– *But what are you here for* ?
– *I'm here because I'm supposed to train with you...*
– *Oh... It's OK...*

Soulagé de me voir admis, je me détends soudain. Je peux enfin me repaître du spectacle magnifique qui s'offre à moi. Un atelier en pleine préparation de collection, c'est quelque chose d'unique, d'émouvant, de grandiose. Du chef d'atelier à la plus « petite » main, tout le monde vit et vibre pour *le* moment crucial du défilé.

Paco Rabanne est un homme courtois, très gentil et attentif aux autres, mais il se tient en retrait, maintenant une certaine distance entre son personnel et lui. Il me présente à tout le monde. J'apprends ainsi que la fameuse Sonia, un mannequin antillais originaire des Bermudes, avait en effet été « bookée » pour des essayages. Paco Rabanne me place immédiatement sous la protection de Jacqueline, le chef d'atelier :

– Jacqueline, je vous présente Vincent qui vient faire un stage chez nous. Vous allez prendre soin de lui et lui montrer la façon dont on travaille...

Je ne capte toujours pas un mot de français mais Chantal, la secrétaire de Paco, joue les traductrices. Je suis fasciné par le travail de ce créateur sur le métal. Je peux rester des heures entières à voir les petites mains – qui sont pour moi de « grandes mains » – assembler les pièces entre elles. Ma profonde motivation et mon admiration m'attirent la sympathie des filles de l'atelier. Elles me proposent un marché en riant :

– Écoute, nous on t'apprend la couture, et toi tu nous apprends l'anglais !

– *Deal !*

*
* *

En entrant chez Paco, je suis entré dans une petite famille qui s'aperçoit très vite que je n'ai pas d'argent. Le créateur, ému par ma situation, va me prendre totalement en charge. M. Henri me paye mes tickets de métro, Paco s'occupe de mes repas. Bien souvent, d'ailleurs, les filles de l'atelier m'apportent à manger. Le soir, je ne retourne jamais chez moi sans que quelqu'un ne se soit inquiété de savoir si j'ai de quoi dîner. Paco m'autorise aussi à appeler Sainte-Lucie de temps en temps.

Mon planning s'organise autour de la vie de l'atelier. Je commence le matin à huit heures. La journée passe très vite. J'ai soif de tout connaître, de tout comprendre. Le soir, je m'endors assez tôt. Je ne sors pas. Je ne connais personne dans cette capitale, et mon incapacité à aligner trois mots de français à la suite m'ôte toute envie d'explorer *Paris by night.* Par ailleurs j'ai déjà du mal à me nourrir convenablement, donc je ne vois pas comment je pourrais m'offrir une place de cinéma ou un verre dans une boîte de nuit ! Les week-ends sont lourds. Je ne quitte pas ma chambre. Sainte-Lucie ne me manque pas, j'aime Paris, même si je ne comprends pas pourquoi il y a autant de clochards et de sans-abris dans une ville aussi riche ! En revanche, la séparation d'avec ma famille et mes amis est pénible. Chez Paco, tout le monde a une vie, des enfants, des amis ; moi je suis seul et cette solitude me pèse.

Parfois, lorsque je me sens vraiment trop cafardeux, je descends au café en bas de chez moi, le Jean-Bart, et j'essaie de lier connaissance avec des gens qui parlent anglais. Je découvre là un monde qui a ses habitudes. Le matin, c'est le petit noir ou le petit crème, le soir l'apéro. Les têtes ne changent pas, les horaires non plus. Il y a aussi les clients de l'après-midi, les « piliers de bar », ceux qui n'ont rien à faire et qui viennent lire la presse au zinc ou se raconter les anecdotes du quartier. Cette ambiance, typiquement française, me plaît, même si je n'y ai pas encore ma place. Je trouve des interprètes spontanés, qui volent à mon secours lorsque je bute sur un mot. Peu à peu, je prends mes repères.

Chez Paco, je donne toute mon énergie. Je ne veux pas seulement regarder, je veux faire. Le créateur, séduit par mon enthousiasme, demande qu'on me montre comment mouler une robe. Très vite, je passe à des choses beaucoup plus méticuleuses. J'apprends à faire ce qu'on appelle des « roulottés ». Les doigts légèrement humectés, on doit rouler de la soie comme on roule du papier à cigarettes et coudre cet ourlet avec des petits points, minuscules et invisibles. Je fais ainsi des centaines de mètres de « roulottés » dans une robe puis une autre, sans montrer le moindre signe de faiblesse. C'est une période faste pour Paco. Il est à l'apogée de sa gloire. Son génie créatif explose. Il dessine d'incroyables manteaux en laine structurés, avec des motifs en ferraille cousus à la main, un véritable cauchemar pour nous ! Il perche ses mannequins sur des « Pacotines », des chaussures à talons compensés dont le bout est pointu comme celui des ballerines. Je suis sur les genoux, mais pour rien au monde je ne montrerais un signe de fatigue. Je vis mon rêve.

Paco Rabanne peut se montrer enjoué, rire à une plaisanterie, mais ce n'est pas vraiment ce qui le caractérise... Cet homme dégage une très forte spiritualité. Quand il parle, tout le monde l'écoute. Et ce qu'il me dit trouve un écho en moi.

– Toi, Vincent, tu es un esthète. Tu apprécies la beauté, et la beauté peut être une pierre que tu ramasses sur la plage ou une jolie robe qui coûte très cher. La beauté n'a pas de prix.

Et quand, à mots couverts, j'ose un jour lui laisser entendre que je ne sais pas qui je suis, un homme, une femme, une personne du « troisième sexe », il me répond sans ambiguïté :

– Un créateur n'a pas de sexe. Créer, c'est se fondre dans l'humanité entière, dans ce qui fait l'*être*, ni masculin, ni féminin, divin, universel...

Je l'écoute, fasciné. Cet homme répond tout haut aux questions que je me suis posées tout bas pendant toute mon enfance et mon adolescence à Sainte-Lucie. Comme s'il avait deviné une petite parcelle de ce vécu douloureux qui me ronge, il me donne la clef de mes « pourquoi » d'autrefois. Pourquoi me regarde-t-on ? Pourquoi ne puis-je exister tel que Dieu m'a créé ? Pourquoi faut-il absolument que je sois une copie conforme de ces critères de normalité qu'on a définis en oubliant que « je » peut être plusieurs autres ? Paco Rabanne m'offre une autre version de la diversité humaine. Mon androgynie n'est pas une tare mais une différence utile à la création. Et cette différence peut exister en toute liberté, à moi de m'en servir et, surtout, de ne plus en avoir peur. À moi de ne plus plier sous le regard des autres, à moi de m'épanouir en transformant cette ambiguïté en cadeau du Ciel. Tant de tolérance me bouleverse. Cet homme a non seulement du génie mais une réflexion philosophique transcendante.

*
* *

La semaine des défilés arrive... Je suis en coulisses avec tout le staff de Paco. Nos cœurs battent à l'unisson pour que le créateur soit ovationné comme il doit l'être. Au moment où le défilé va commencer, Paco vient me chercher et insiste pour que je m'installe au premier rang. Je n'en crois pas mes oreilles. Un premier rang ! J'en tremble... Je suis tellement ému que je n'ose même pas regarder qui se trouve à mes côtés. Je sais juste que ce sont des privilégiés, comme moi ! Tout autour du podium, les flashes des photographes sont prêts à crépiter. Le noir se fait. Silence. Action !

Et la collection fait un véritable triomphe. Si minime soit-elle, ma contribution à l'immense travail de création et de réalisation que représente une telle collection m'emplit de fierté et de bonheur. Je ne touche plus terre, je suis littéralement transporté dans une autre dimension.

– Vincent, me dit un jour Paco, tu dois absolument aller voir comment les autres stylistes travaillent. Je vais te donner des cartons d'invitation pour les défilés et mon chauffeur va t'accompagner...

C'est ainsi que j'assiste aux défilés de Torrente, puis d'Yves Saint Laurent et de Gianfranco Ferré pour Christian Dior. J'aime les vêtements présentés, mais je ne peux pas vraiment être objectif. Je porte les couleurs de Paco !

Une autre manifestation va me combler d'allégresse. Quelque temps plus tard, j'assiste au célèbre « Dé d'Or », cérémonie prestigieuse qui récompense le meilleur créateur. Hélas, ce n'est pas Paco Rabanne qui remporte le prix mais Gianfranco Ferré. Paco aura le « Dé d'Or » la saison suivante, pour sa merveilleuse collection printemps-été.

Les jours filent à toute vitesse. Je pense sans cesse au moment redouté : celui où je vais devoir retourner à Sainte-Lucie. Cette perspective est encore plus traumatisante que lors de mon stage à

New York. Je suis tombé amoureux de Paris et de la mode à Paris. Mais que puis-je faire ? La date limite de mon visa approche dangereusement et je survis grâce à la générosité de Paco et de son équipe.

Un matin de gros cafard, je me dis que j'en ai assez de vivre sur le dos des autres, mon orgueil ne le supporte plus. Je « sèche » l'atelier pendant trois jours. J'en profite pour visiter la ville, à pied. Je suis bien loin d'imaginer l'inquiétude que cette absence va déclencher. Personne ne connaît mon adresse... Et tout ce petit monde va alerter la capitale entière pour essayer de retrouver ma trace. Hôpitaux, poste de police... Lorsque je débarque enfin rue du Cherche-Midi, requinqué par ces trois jours de méditation dans les rues de Paris, je suis accueilli fraîchement !

– Si tu as un problème, tu le dis, tu nous préviens, me sermonne Paco fou furieux. Tout l'atelier était mort d'inquiétude pour toi...

Cet incident me conforte dans mon idée que ma vie est ici. Des gens que je connais finalement très peu se font du souci pour moi, ils réagissent à mon égard comme ils le feraient avec quelqu'un de leur famille. J'ai trouvé mon nid. Et pourtant, pour l'instant, je dois m'envoler.

Le dernier jour de stage est particulièrement douloureux. Tout le staff est réuni. Paco m'offre un top, pièce unique, qui n'a jamais quitté mon armoire. Je remercie tout le monde, tout le monde me remercie... *I'm leaving, I'm leaving, on a jet plane...*

Mais cette fois-ci, je sais que je vais revenir, et très vite.

– 5 –

CE N'ÉTAIT QU'UN AU REVOIR

Une chose est sûre, j'ai laissé mon âme à Paris. Cette fois-ci, je reviens à Sainte-Lucie avec la ferme intention de ne pas défaire mes bagages. Et pour ne pas plonger dans le désespoir, je me dis que je suis en transit, un peu comme si je venais passer un week-end prolongé avec ma famille et mes amis.

Je prends tout de suite rendez-vous avec Gilles Maarek, qui est toujours attaché culturel à l'ambassade de France.

– Mais pourquoi es-tu revenu ? me demande-t-il avec étonnement.

– Mon stage est terminé et je n'ai plus de visa !

Je lui tends le certificat de travail particulièrement élogieux que m'a fait Paco Rabanne.

– Ne t'inquiète pas, me dit-il en prenant connaissance de la lettre, je vais m'occuper de toi.

Quelques jours plus tard, il me téléphone en me disant qu'il m'a obtenu une autre bourse, plus intéressante financièrement que la première. Pendant trois ans, je vais suivre les cours de la prestigieuse école de stylisme Esmod, à Paris. En revanche, je ne peux me rendre dans cette école sans avoir suivi auparavant un stage accéléré de français payé par le gouvernement, dans le centre de la France, à Vichy.

Me voilà donc en route pour Vichy, le cœur en fête. Je vais être de nouveau logé dans une chambre de bonne, mais je serai nourri et, comble du luxe, j'aurai même un peu d'argent de poche pour payer mes frais annexes.

Un beau week-end du printemps 1990, je découvre amusé cette ville d'eaux où les curistes se baladent avec leur verre en plastique et leur mini-bouteille remplie à la source. Vichy est une jolie ville, un peu triste mais agréable. J'aime beaucoup marcher. Je pars donc visiter les lieux, à pied... Et, le lundi, je me présente à l'école de langues : Cavilan.

Toutes les nationalités y sont représentées. Et chaque élève se destine à un métier différent. L'établissement est une sorte de point de rencontre pour tous ceux qui sont amenés à étudier en France et qui ne parlent pas le français. Après un entretien individuel, on est placé dans un certain niveau : débutant, intermédiaire, fort, très fort... Comme, lors de mon premier séjour à Paris, j'ai appris à me débrouiller avec quelques mots de français, on me met dans une classe de niveau intermédiaire. Je vais devoir apprendre à faire des phrases complètes. Je n'y suis jamais vraiment parvenu... Encore aujourd'hui, je mêle l'anglais et le français au gré de mes humeurs, et il est bien rare que je ne ponctue pas mes phrases par un *so*, un *anyway* ou un *actually*...

Coréens, Indiens, Japonais, ma classe est colorée. J'aime ça. Je me fais très vite des copains et des copines. Le contexte se prête au rapprochement. Nous sommes tous ici pour la même raison : repartir en sachant nous débrouiller parfaitement en français. Les cours – cinq heures par jour – demandent une attention et une concentration folles, et le découragement est notre lot quotidien !

Dès la fin des classes, nous nous précipitons dans les cafés avoisinants et nous nous défoulons dans notre langue maternelle. Il se noue des petites histoires d'amour, des intrigues. Je regarde tout ça de loin. Je ne me sens pas mal à l'aise, car le contexte est drôle et décontracté, mais j'ai toujours la phobie du sexe. Je me fais draguer par des hommes et par des femmes. Je n'y prête pas attention. Je me tiens à l'écart de tout dérapage. De toute façon, lorsque je pense à « faire l'amour », l'image atroce de Matthew et de ses mains rapaces plaquées sur mon intimité se superpose aussitôt. Alors je ferme les yeux et chasse l'image loin, bien loin de mon horizon. *I go ahead*, je vais de l'avant.

Certains de mes camarades s'étonnent de me voir marcher sur des talons aiguilles, d'autres observent le raffinement de mes tenues, mais personne ne me juge. Je me lie d'amitié avec un Chinois, Joe Lam, arrivé le même jour que moi.

Nos sensibilités se parlent. Je suis ainsi fait que quelques minutes me suffisent pour savoir si j'ai envie de continuer ou pas avec quelqu'un. Joe a choisi une école supérieure de commerce basée à Paris. On apprend à se connaître en essayant tant bien que mal d'instaurer un dialogue en français, mais aussi en jouant au tennis ensemble ou en nous baladant dans la ville ou au bord de l'Allier.

Auprès de Joe, je me sens rassuré. Une semaine avant la fin de ce stage intensif et totalement lessivant – ordinateurs, chansons, films, livres, rien ne nous est épargné – nous décidons de partager un appartement à Paris. Nous sommes jeunes... et particulièrement naïfs. L'idée de cette colocation nous enchante. Dans un état d'excitation extrême, nous achetons tous les journaux spécialisés et nous parcourons les petites annonces sans imaginer un seul instant qu'il faut être sur place pour faire aboutir ce genre de démarche...

*
* *

Mes cours se terminent une semaine avant ceux de Joe. J'arrive donc tout seul à Paris.

À l'époque de mon stage chez Paco Rabanne, j'avais une copine anglaise, Lucy. Elle partage un appartement avec une autre Anglaise, Jane, dans le quartier de la Bastille. Jane étant absente pour une semaine, Lucy accepte de m'héberger. Mes cours à Esmod n'ont pas encore commencé. Je m'aperçois avec stupeur que trouver un logement n'est pas si simple... Sans fiches de paye, sans caution, sans relations, Joe et moi sommes mal partis. Je commence vaguement à chercher, mais je déchante très vite. Les appartements pouvant convenir à notre budget sont des trous à rats et chaque fois que je m'y présente j'ai devant moi une bonne vingtaine de personnes prêtes pour la visite, avec leur dossier déjà finalisé sous le bras !

Quand Joe débarque à son tour gare de Lyon, mes démarches sont au point mort. Mon ami, plus pragmatique, ne voit qu'une solution : nous prendre une chambre d'hôtel. Nous passons une journée à chercher un petit hôtel pas cher. Même combat. Les hôtels sont ruineux. Nous finissons par en dénicher un, dans le XIe arrondissement, tout près de l'appartement où vit ma copine Lucy.

L'hôtel Voltaire est loin d'être un palace, mais nous n'avons pas le choix. Joe commence ses cours immédiatement. Nous devons partager un « petit lit pour deux ». L'eau de la douche est tiède, nous ne pouvons pas laver notre linge et nous prenons nos repas au Quick de la place Voltaire.

Pendant que Joe est à l'école je fais les petites annonces et, lorsqu'il a fini, nous visitons ensemble les quelques appartements que j'ai cochés. Le soir, nous nous écroulons à neuf heures, morts de fatigue. Les semaines s'écoulent et toujours pas d'appart' en vue... Je m'affole un peu à l'idée de devoir commencer mes cours dans de pareilles conditions. D'autant que mon français, malgré le stage de Vichy, reste très moyen. Je comprends à peu près, je parle un peu, je lis mal et j'écris très mal.

L'école Esmod se situe rue de Cléry, dans le quartier du Sentier. Je suis soulagé de constater que le *text book* (le manuel explicatif) est écrit en anglais et en français. Je suis inscrit comme élève styliste modéliste. Le premier contact avec l'un de mes principaux professeurs, une femme assez aigrie, se révèle difficile. Il faut préciser que j'intègre une première année en cours de route ! Ce qui modifie considérablement les choses et pas dans le bon sens. Profs, élèves, tout le monde a non seulement pris ses marques, mais déjà progressé. Je suis en quelque sorte une pièce rapportée sur une machine aux rouages parfaitement huilés. Le professeur qui ne m'aime pas insiste lourdement, en plus, sur mes difficultés à m'exprimer en français. Mais si je parle encore difficilement, je n'ai pas les yeux dans ma poche. Au fil des jours, je découvre vite le petit manège de notre professeur... Elle nous fait dessiner des modèles et ensuite, à l'insu de l'école qui l'emploie, va les proposer aux grossistes du Sentier... L'espionnage industriel démarre ici ! Qu'importe, j'arrive tout de même à me faire apprécier et, dans les moments difficiles, je me dis que je suis ici pour absorber un maximum d'informations utiles au métier que je veux exercer.

De son côté, Joe travaille également beaucoup. Nous rentrons tous les deux le soir, exténués. Nous n'avons même pas la force de nous raconter nos journées respectives. On dort pour être frais le lendemain.

Un jour, néanmoins, Joe m'annonce tout excité :

– Écoute, j'ai vu une petite annonce dans mon école. Il y a un appart' disponible, rue Aristide-Briand, à Montreuil. On peut aller le voir tout de suite.

En route pour la visite ! Il faut changer dix fois de métro et de bus pour s'y rendre, qu'importe. Après tous ces mois de vaines recherches, nous ne risquons pas de jouer les difficiles.

L'appartement en question est un rez-de-jardin, situé sous un local destiné aux poubelles... Mais l'idée d'avoir un endroit enfin à nous l'emporte sur la réflexion et la prudence. Je donne à Joe un peu d'argent, ses parents donnent le reste et l'affaire est conclue. Nous quittons l'hôtel Voltaire avec nos bagages, la joie au cœur. Le soir, fourbus, nous déversons le contenu de nos valises sur le sol et nous dormons sur nos habits, par terre, dans un appartement vide.

Le week-end suivant, nous partons aux puces de Montreuil afin de nous procurer les objets indispensables à notre survie : un matelas, de la vaisselle... Ce deux pièces, avec cuisine et salle de bains, nous convient parfaitement. Nous avons chacun notre chambre et nous pouvons ainsi préserver notre indépendance.

Cependant, là encore, il n'est pas question de faire la fête ! Le quartier est super « chaud », les moyens de transport sont limités et compliqués, et nous sommes bien trop fatigués par notre travail pour songer à batifoler.

On me regarde à nouveau comme une bête de cirque. Je suis harcelé, agressé verbalement. Montreuil est la succursale de Sainte-Lucie. Ce que je reproche à tous les gouvernements se trouve là, sous mes yeux. On forme des ghettos : les pauvres avec les pauvres, dans des endroits à risques ; les riches avec les riches, dans des forteresses imprenables. J'ai peur, mais je ne peux pas le montrer. Je sais depuis bien longtemps que le sentiment de peur engendre et provoque le danger. J'ai quand même mis un bémol à mon exubérance vestimentaire. Je porte toujours mes talons aiguilles, mais j'ai rallongé l'ourlet de mes pantalons... Je ne veux pas « déranger », mais je ne veux pas non plus annihiler totalement ma personnalité. D'autant que, deux trottoirs plus loin, le danger n'existe plus !

Je suis également agressé dans le métro, là aussi dans des « stations ghetto ». Mais pour une raison que j'ignore, je me sens protégé, comme hors d'atteinte. Peut-être que Matthew a développé chez moi un instinct de survie, toujours est-il que ces agressions quotidiennes n'engendreront rien de grave : ni coups, ni viol. Je me fonds tant bien que mal dans le décor.

Une année scolaire passe...

Et voilà que le rez-de-jardin providentiel se transforme en « appartement à problèmes ». Les fenêtres n'étant pas équipées de barres de fer comme le sont, en principe, tous les rez-de-chaussée, nous devons surveiller constamment les allées et venues, histoire de prévenir toute tentative de cambriolage. Mais le premier gros souci arrive lors d'un week-end. Comme souvent dans les situations critiques, je me trouve seul à la maison. Joe est parti à la campagne. Je suis réveillé en plein milieu de la nuit par un drôle de bruit. Persuadé qu'il s'agit d'un cambriolage, je bondis hors du lit, terrifié, mais prêt à me défendre ou à m'enfuir selon la gravité de la situation...

Oh brother ! Je pose un pied par terre et je pousse un hurlement. Je réalise qu'il s'agit non pas d'un cambriolage, mais d'une inondation d'un genre un peu spécial. *The Canaries River*, la rivière répugnante de mon enfance, coule sous mes yeux. Je comprends que quelque part, à un étage supérieur, la canalisation des toilettes a explosé, nous renvoyant, via nos propres toilettes, les excréments de tout l'immeuble. *I cry my soul...* Malgré mon dégoût, j'attrape un récipient et j'entreprends de vider par la fenêtre ce que je peux. Je m'imagine que je vais pouvoir sécher la moquette avec un simple sèche-cheveux ! Vingt minutes plus tard, je craque. J'appelle les pompiers. Ils viennent à bout de l'inondation mais il nous faudra, à Joe et moi, plus d'un mois pour arriver à désinfecter les lieux...

Les ennuis domestiques s'enchaînent. Après l'épisode *« Canaries River »*, place à l'épisode « cafards » ! Un jour, en faisant le ménage, je trouve un cafard, puis deux. Le lendemain ils débarquent en force, derrière le papier peint qui finit par se décoller. La journée la colonie dort, et le soir, dès que la lumière est éteinte, c'est la fête : tout le monde danse ! Vêtements, vaisselle, nourriture, réfrigérateur, ils investissent tout. Rien ne les arrête : ni le froid, ni la chaleur. On appelle le propriétaire, qui ne montre pas d'émotion particulière à l'écoute de notre récit. Il estime que le loyer est dérisoire, nous n'avons qu'à « faire avec ». Furieux, je décide d'arrêter de payer le loyer de ce taudis, décision qui tombe à pic vu la situation catastrophique de nos finances. Nous finissons par venir à bout de ces maudites bestioles avec des pièges particulièrement efficaces.

Un autre incident se produit, plus drôle celui-ci. Un matin, pendant un cours de lingerie à Esmod, un cafard se faufile hors de mes classeurs. *Damned !* Panique dans la classe... Je ne trouve d'autre solution que de retourner la situation à mon avantage. Je m'exclame d'un ton horrifié :

– Qu'est-ce que c'est que ça ? Des cafards dans une école aussi chère ! C'est honteux et scandaleux...

Le lendemain, la direction fermait l'école pendant trois jours pour une désinfection totale des locaux !

Quelques années plus tard, je suis retourné à Esmod avouer mon forfait, ce qui a provoqué une hilarité générale...

Ce n'était qu'un au revoir

Entre cafards, cambriolages, odeurs nauséabondes de poubelles et problèmes de canalisation, la vie à Montreuil s'organise malgré tout. Et ni Joe ni moi nous ne songerions un instant à nous plaindre...

– 6 –

MA *BARBIE DOLL* DÉSENCHANTÉE

Montreuil est loin, Montreuil est triste, Montreuil est dangereux, mais à Montreuil j'ai le téléphone. Et pour la première fois de ma vie, l'accès au combiné n'est frappé d'aucun interdit. Il n'est pas nécessaire d'avoir de la monnaie pour s'en servir, il est disponible à tout moment du jour et de la nuit, il est pourvu d'un répondeur, « après le signal sonore, vous pouvez laisser un message », et il ne tombe en panne que si on ne paye pas la note... C'est quasiment magique pour moi qui suis arrivé à Paris avec pour tout bagage une adresse erronée et un *phone number* à huit chiffres impossible à composer... La tentation étant sous mes yeux en permanence, je ne peux résister au désir d'appeler ma famille à Sainte-Lucie. Je leur raconte mes études, les péripéties pour trouver un logement, je leur dis combien ils me manquent et à quel point je travaille pour qu'ils soient fiers de moi un jour.

Et, un soir, je reçois un appel. Ma *princesse*, mon *ex-Barbie doll* devenue mon ennemie par ma faute, par ta faute, Matthew... Je décroche, c'est elle... Même dans mes rêves les plus fous, je n'ai jamais imaginé que cela puisse arriver un jour. Je pensais à elle souvent mais, hélas, son image était indissociable de celle de Matthew, alors je mettais de côté ces *flash-backs* nostalgiques où je nous revoyais cousant, riant, lisant ensemble... *À la recherche du temps gâché*, voilà qui ne cadrait pas avec ma philosophie du *demain est un autre jour, et un jour meilleur...*

Lorsque j'entends sa voix si proche malgré la distance, je ne réalise pas ce qui se passe. Je suis incapable de prononcer le moindre mot. Peu importe, Kate semble avoir envie de parler pour deux, non, pour trois... Elle me raconte ses regrets, sa vie brisée, éclaboussée par des aveux qu'elle n'a pas crus, ses trois enfants qu'elle n'aurait pas dû avoir avec cet homme... *Uncle Matthew...* Pendant qu'elle se livre, enfin, et surtout qu'elle me croit, mais tard, si tard, je sens les larmes couler le long de mes joues. Je suis au bord de la nausée mais j'écoute Kate, Titie Kate, me repasser le film de mon enfance bafouée, salie. Elle me dit qu'elle n'a plus de relations sexuelles avec Matthew mais qu'elle n'envisage pas de le quitter à cause du scandale qui forcément les éclabousserait, elle et ses petits.

Quand je retrouve enfin ma respiration et que je lui demande si je peux livrer mon histoire aux médias pour que le prédateur cesse enfin son massacre, sa voix s'éteint, elle me répond d'une voix atone, à mon grand désespoir :

– Je ne suis pas contre, mais est-ce que tu ne pourrais pas attendre que mes filles soient grandes ?

Nous en restons là lors de cette reprise de contact.

Peu de temps après, elle me rappelle. Et ces appels deviennent réguliers. J'ai été son confident à des moments frivoles de sa vie – elle me racontait ses fiancés, ses robes, les fêtes auxquelles elle se rendait –, je redeviens ce même confident au moment atroce de son malheur avoué. Nous avons quelque chose en commun tous les deux. Ce n'est pas une robe ou une paire de chaussures, c'est un homme, un monstre, un criminel qui a détruit nos vies et qui reste impuni...

Quelque chose est cassé entre nous, depuis longtemps et pour toujours. Mais la *Barbie doll* éplorée revient vers moi. C'est bien, c'est justice, j'ai pourtant du mal à ne pas garder du recul. *Elle reste avec Matthew, elle reste avec l'homme qui a ruiné mon enfance... Elle reste.* Je peux le comprendre. Mais entre la compréhension et l'acceptation, il y a une frontière, énorme. *Oh my God*, que tout cela est laid, que tout cela est pathétique...

– Tu sais, Vincent, j'ai toujours su ce qui se passait quand Matthew est parti à Londres... Je lui donnais de l'argent de poche pour qu'il sorte avec d'autres femmes ou d'autres hommes...

– Kate, il n'est pas trop tard ! Je veux bien me taire pour tes enfants, mais il faut que tu trouves un moyen de te sortir de cette situation...

Elle ne peut pas. Elle est courageuse, pas téméraire, surtout lorsqu'il s'agit de mots comme « condition sociale » ou « scandale »...

*
* *

Un soir, je rentre de l'école et je trouve un message de Kate sur le répondeur : *Mama Fa just died...*

Je reste froid comme du marbre. Mama Fa, morte ! Je remets la bande à zéro, j'écoute le message une nouvelle fois, puis une autre. Je suis sonné. Naïvement, je la croyais immortelle, elle, notre « directrice de conscience » à tous et à toutes. À tout juste soixante-dix ans, elle a estimé qu'elle devait partir. Elle est morte de vieillesse, comme ça, dans son lit.

Je n'ai pas les moyens de partir à Sainte-Lucie. Ma bourse me donne droit à un billet d'avion, mais pour le retour définitif. Si je pars maintenant, je ne pourrai pas revenir.

Plus tard, ma tante Sonia me dira que les derniers mots de ma grand-mère ont été pour moi :

– Vincent... Où est Vincent ?

Le rez-de-jardin est bien vide ce soir-là. Joe, qui depuis peu a un petit ami, n'est pas rentré et moi je pleure comme un enfant. Ma grand-mère est morte sans moi et je ne pourrai pas me rendre à son enterrement. *Mama Fa, ce n'est pas juste, ce que tu viens de me faire là... Tu aurais pu attendre un peu avant de m'abandonner...* Je sors, direction le métro. Je vais choper une rame au hasard et me laisser porter ailleurs, n'importe où...

Sur le chemin qui me mène à la station, je croise les yeux d'un jeune homme. Je suis en larmes, l'esprit confus, et je vois ce garçon – dix-huit, dix-neuf ans, pas plus – qui me regarde en riant. Je pleure, et lui il rit. Je presse le pas, choqué. Je descends dans le métro. J'attrape une rame au vol. Je m'assieds.

Il est là, devant moi...

– Quatrième partie –

SUR MA VOIE...

– 1 –

CORY

Dans le métro, à Paris comme dans toutes les grandes villes, les gens paraissent absents, trop absorbés par leurs propres problèmes pour s'intéresser à ceux des autres. Cette indifférence est aussi une forme de défense. En regardant ailleurs, ou en feignant de l'être, les passagers se protègent des agressions verbales ou physiques. C'est « chacun pour soi » et « non-assistance à personne en danger ». Je ne suis pas assis dans un wagon vide, loin de là, mais mes larmes n'intéressent personne. Pire, mon désespoir, réel, semble provoquer l'hilarité de ce jeune garçon qui m'a suivi et qui s'est assis en face de moi. Ce manque de respect m'est intolérable. Je me lève et de je descends à la station Nation. Soudain, sur le quai, quelqu'un m'attrape par le bras. Lui, encore. Je me retourne, furieux.

– Écoute, fous-moi la paix, OK ?

Le jeune homme ne rit plus. Il me regarde à présent d'un air désolé.

– Excusez-moi, je ne me moquais pas de vous.

J'avais juste un fou rire, c'est tout. Au contraire, je vous trouve beau en train de pleurer...

Je suis trop mal pour prendre réellement conscience de ce qu'il est en train de me dire. Je veux juste qu'on me laisse tranquille. Je lui tourne le dos sans un mot et je m'engage dans un couloir au hasard, bien décidé à attraper le premier métro pour semer une bonne fois cet intrus. Mais il continue à me suivre. Excédé, j'attends qu'il arrive à ma hauteur et je sors de mes gonds :

– Je vais *mal*, est-ce que tu peux comprendre ça ? Je te demande juste de me foutre la paix !

– Je ne veux pas vous embêter, je voudrais simplement vous connaître, c'est tout...

– La France est un pays démocratique, n'est-ce pas ? *You know*, tu peux marcher où tu veux, mais s'il te plaît pas avec moi.

Et contre toute attente, le garçon ne se démonte pas, il saisit ma main et s'écrie :

– Mais qu'est-ce qui vous arrive ? Pourquoi pleurez-vous comme ça ?

Sa sincérité, évidente, me touche. Je lui raconte que je viens de perdre ma grand-mère et que je ne peux pas me rendre à ses funérailles parce que je n'en ai pas les moyens. Il m'écoute avec attention. Il me demande où j'habite et me propose de m'accompagner un bout de chemin. En fait il me dépose chez moi et, au moment de me quitter, il me dit :

– Je ne peux pas te laisser comme ça. Est-ce que je peux rester avec toi ?

Cory

À l'inverse de Rudy, cet Allemand que j'avais rencontré à Sainte-Lucie, ce garçon de vingt ans – il s'appelle Cory – n'attend rien de moi. Il m'offre une présence réconfortante et des mots pour apaiser ma souffrance. C'est suffisant pour que je lui ouvre la porte de mon âme. Joe dormant chez son petit ami, nous passons la nuit à parler. Je lui raconte mon vécu, il me raconte le sien. Dans cet échange il n'y a rien de sexuel, pas de sous-entendus, pas d'allusion amoureuse, pas de jeu de séduction. Les mots sont suffisants. Ils caressent mon âme. Ils me réchauffent en ranimant la flamme de l'espoir.

Cory compose de la musique, il écrit aussi ses propres textes et, ce soir-là, il m'offre un échantillon du meilleur de cette émotion qu'il porte à fleur de peau. C'est bon de ne plus être seul. On se découvre de nombreux points communs. Il vient d'une famille pauvre d'origine portugaise où l'homme, comme à Sainte-Lucie, se doit d'être un macho, et il veut réussir dans un domaine artistique : la musique. Comme moi, il revendique le droit à la différence. Comme moi, il veut une voix... Une voix pour chanter ou tout simplement pour parler, dire, bercer, murmurer, consoler, aimer... Une voix pour le meilleur dans un monde meilleur.

Lorsque l'aube se lève, je porte toujours le deuil de ma grand-mère, mais j'ai enfin quelqu'un pour accompagner ma peine.

*
* *

Notre « nuit magique » n'aura pas été un feu de paille. Les jours suivants, Cory ne se porte pas déserteur. Et si je bataille toujours avec mon âme tourmentée, mon ami vient à mon secours à tout moment. Je baisse ma garde devant tant de générosité et de douceur.

J'en apprends davantage sur lui. Du bon et du moins bon... Il fume du *shit* – tout son argent passe dans la drogue – et il a une copine... Il dit que fumer lui donne de l'inspiration pour composer, quant à sa copine... il va la quitter quelques semaines plus tard pour venir habiter à la maison. Joe n'y voit aucun inconvénient. Au contraire, il est plutôt soulagé et heureux de constater que ma relation avec Cory m'épanouit. Par ailleurs, il dort souvent chez son petit ami. Ainsi, il n'y a aucune gêne entre nous.

Ma relation avec Cory est avant tout cérébrale. Fusionnelle mais cérébrale. Nous passons des nuits entières à parler. Si je suis encore totalement fermé au sexe, Cory, lui, est complètement paumé et déstabilisé par les pulsions qu'il éprouve à mon égard. Il vient de quitter sa *girl-friend*, il éprouve des sentiments pour moi mais tout cela lui fait peur. Il n'a encore jamais eu de relation homosexuelle. Nous dormons ensemble dans les bras l'un de l'autre, et pourtant rien de concret ne se passe. C'est beau, fort, et surtout surprenant ! Je m'endors tout contre quelqu'un qui me dit « je t'aime » en m'effleurant à peine, avec une pudeur extrême. J'ignorais que cela puisse exister. Ses attentions, son incroyable gentillesse, sa façon de me rassurer me redonnent confiance en moi. Soudain, je vois le genre masculin sous un autre jour, un jour meilleur. Non, tous les hommes ne sont pas des sosies de Matthew, oui j'en ai rencontré un qui n'est pas obsédé par l'idée de me posséder.

Et tout naturellement, je tombe amoureux de Cory. Mais je ne peux toujours pas envisager d'avoir une relation physique. Rien ne presse. Cory, lui-même perturbé, ne me harcèle pas. Il redouble de patience, mais je sais que les choses ne peuvent continuer ainsi. Un jour, je risque de le perdre. Doucement, lentement, je laisse place au désir. C'est un sentiment flou et, je le sais, très fragile, qui peut disparaître à la seconde même où il est apparu tant le traumatisme engendré par Matthew est encore présent, mais j'ai conscience d'avoir rencontré un être exceptionnel. Je franchis un pas énorme en acceptant les caresses de Cory, puis ses baisers. Lui n'en demande pas davantage. Il m'aime et me le répète.

Notre quotidien est difficile sur le plan financier. Cory ne gagne pas d'argent avec sa musique et, moi, je travaille comme un fou à Esmod, mais hors l'argent alloué par ma bourse, je n'ai pas de revenus. Cory a trouvé un petit boulot dans une boutique de gadgets, mais il dépense plus qu'il ne gagne... Il se ruine en *shit*, et aussi en cadeaux pour moi. J'essaie, en vain, de le raisonner. Comme si l'on raisonnait un artiste et, pire, un artiste amoureux !

Mon ami a de gros problèmes avec ses parents. Ils sont au courant de notre relation. Ils « l'acceptent », soi-disant, mais ne cessent de presser leur fils de se marier et de fonder une famille ! Chaque fois que Cory revient d'une réunion familiale, il est tout chamboulé. Son père et sa mère misent sur cette pression pour lui faire comprendre qu'il devra, tôt ou tard, revenir à une vie « normale ».

*
* *

Le jour où nous essayons de faire l'amour pour la première fois, c'est une catastrophe. Je ne suis pas prêt. Ce n'est pas la faute de Cory qui est la douceur incarnée, ce n'est pas ma faute non plus – je suis vraiment amoureux de lui et je le désire physiquement – mais l'ombre du prédateur s'accroche, assassinant le plaisir avant même qu'il naisse. J'ai Matthew dans la peau pour le pire, pour l'odeur répugnante de sa sueur, pour la brutalité de ses étreintes, pour son haleine fétide, pour le bruit de ses pas qui me hante. J'explique tout cela à Cory. La façon dont il me dit « ce n'est pas grave, je comprends » et le fait de savoir qu'il me reste fidèle malgré ce problème anesthésie l'insupportable douleur de la réminiscence. En dépit de son jeune âge, Cory me guide dans les couloirs de l'amour. Grâce à lui, je commence à vaincre la peur de donner et la culpabilité de recevoir. Il me faudra trois ans, trois longues années d'essais, de tentatives inabouties, de caresses écourtées, de baisers inachevés jusqu'aux lueurs de l'aube pour qu'enfin je puisse me laisser aller dans les bras de ce garçon, sans qu'une lumière rouge clignote dans ma tête, me rappelant qu'un jour quelqu'un est entré dans mon corps par effraction. Durant ces trois années, « d'abstinence » pour lui, de méfiance pour moi, jamais son amour ne fera demi-tour. Cory va apprendre à Vincent l'esthète que l'amour physique aussi peut être beau...

*
* *

Cory plane. Cory vit sur un nuage nommé *shit*. Je n'ai rien contre, rien pour non plus, même si dans ces moments-là *he makes me love like a queen* ! Je vois pourtant trop de gens autour de moi se détruire avec ça pour ne pas essayer de ramener mon ami sur la planète « réalité ». D'autant que l'argent manque cruellement. Cory perd tous ses petits boulots à cause de cette maudite herbe. Non seulement il n'arrive pas à se lever le matin, mais il n'assure pas son travail, ayant constamment besoin de se faire un joint pour se sentir « bien ». Cory plane aussi sur le plan musical... Il a des idées de grandeur auxquelles il ne veut renoncer pour rien au monde. Il veut jouer avec tel groupe, tel musicien, et n'en démord pas. Il n'a aucun plan de carrière et, lorsque j'essaie de le sonder, il rigole... Il me rend tellement heureux que je passe sur toutes ces « petites choses ». Et le sacrifice est d'autant moins pénible que je réussis brillamment tous mes concours à Esmod. Mais bientôt le ciel va, de nouveau, me tomber sur la tête...

Joe et moi avons terminé avec succès nos études. Et voilà qu'un jour il m'annonce qu'il quitte la maison :

– Mon petit ami m'a demandé de venir habiter chez lui... J'ai accepté.

Ne goûtant pas au *shit* de Cory, je n'ai hélas aucun mal à réaliser ce qui se passe. Je vis avec un garçon adorable, mais sur lequel je ne peux pas compter financièrement parlant. Heureusement, suite à nos mésaventures dans l'appartement, nous ne payons plus le loyer, et malgré les nombreuses lettres recommandées que nous recevons, aucune poursuite sérieuse n'est entamée contre nous. Il n'empêche. Il y a l'électricité, le téléphone. Mes études sont finies. L'argent de ma bourse est parti en fumée et mon visa expire dans cinq mois. Il ne me reste qu'une solution : trouver du travail... J'ai un diplôme prestigieux, je dois pouvoir m'en sortir. Je vais sûrement dénicher un emploi, de modéliste au minimum. *Oh my God...*

– 2 –

LA GALÈRE EN TALONS HAUTS

Assez confiant, j'envoie des CV et des lettres de motivation aux maisons de couture. À chaque entretien, la réponse se révèle identique :

– Écoutez, jeune homme, vous tombez mal, l'Amérique vient de faire la guerre, c'est la crise économique, il y a très peu de travail, et en plus, vous êtes étranger...

Même Paco Rabanne que je retourne voir ne peut rien faire pour moi. Tous les secteurs sont touchés, le luxe en premier, et donc la mode. Le mot d'ordre est « restrictions ». La couture embauche, mais pour des stages non payés ou rétribués avec des vêtements des précédentes collections ! Je prends une claque magistrale. J'ai des diplômes qui ne me servent à rien, un loyer à payer, un copain à entretenir. Pour couronner le tout, la mode dite *grunge* débarque. Les vêtements sont déchirés, mal finis, cousus à l'envers... Pauvre Sonia Rykiel, qui a dessiné avec l'immense talent qu'on lui connaît les premiers vêtements avec des coutures apparentes ! Ils croient peut-être l'imiter...

Bref, la mode est moche, la mode n'existe plus. Et moi, si je ne trouve pas très vite du travail, je vais devoir reprendre l'avion pour Sainte-Lucie...

Cory vogue toujours sur son petit nuage. Intimement persuadé qu'il est sur le point devenir une rock-star, il vit une pâle copie d'un *remake* des années soixante-dix. Selon lui, je m'inquiète à tort et devrais me montrer plus *cool* dans la vie de tous les jours ! Le problème c'est que moi je ne me shoote pas au *shit*, je me shoote à la réalité. Pourtant, je ferme les yeux. Je suis amoureux. Cet homme m'a réconcilié avec mon corps, avec l'amour, avec la vie. Il dit qu'il va devenir célèbre, que ce n'est qu'une question de jours ? Je le crois. On s'aime aussi pour ça : parce qu'on est des créateurs et qu'on sait qu'il faut du temps, beaucoup de temps pour réussir à s'imposer dans un milieu artistique quel qu'il soit.

Il y a certes une crise économique évidente, mais il y a aussi Charles Pasqua qui « fait la chasse aux étrangers »... Or j'en suis un. Pourtant, je ne rate pas d'emploi à cause de ma couleur de peau, je rate des emplois à cause de mon apparence. Même les maisons de couture, qui se disent tolérantes et ouvertes à la différence, me ferment leurs portes... Comme à une certaine époque de ma vie à Sainte-Lucie, j'arpente les rues en quête d'un travail mais je ne trouve pas de Youssef pour me donner ma chance. Vendeur, barman, on me refuse partout. Cory vit d'amour et d'eau fraîche, mais moi je ne peux pas me satisfaire de cette situation. Je vois Joe, ma bouée de sauvetage, régulièrement. Il a la bonté de nous inviter à manger une pizza de temps en temps. Pour arriver à m'en sortir, je ne trouve pas d'autre solution que de prendre une colocataire, une lesbienne que je connais peu. Elle cherche un toit. Je lui propose la chambre qu'occupait Joe. Je ne mets pas longtemps à comprendre mon erreur. Cette fille fait l'amour avec sa copine dans le salon, à n'importe quelle heure du jour et de la nuit. Elle occupe l'espace avec un sans-gêne incroyable, sans souci de mon intimité et de celle de Cory. Consterné par tant de discourtoisie, dégoûté par ce que je vois et ce que j'entends, je lui demande de plier bagage.

J'essaie ensuite d'intégrer le milieu de la mode antillais. Je fais des bricoles pour des clients privés mais le côté ethnique de cette mode n'est pas vraiment ma tasse de thé. D'ailleurs, là aussi je suis rejeté. Pour eux, je ne suis pas antillais mais anglais !

Lors d'un défilé de mode, je fais connaissance avec un jeune homme martiniquais. Il désire devenir styliste. Il gribouille, il a des idées, ce qui lui manque ce sont les bases. Je lui demande de venir travailler avec moi. Je lui apprends la technique, lui montre quelques trucs. Nous créons ensemble une collection de vêtements et nous organisons un défilé à l'Espace Cardin. Les modèles remportent un certain succès. Hélas, mon côté saint-bernard me joue souvent des mauvais tours... Le jeune homme en question disparaît avec mes idées et mon curriculum vitae qu'il a réussi à me dérober chez moi ! Plus tard, j'apprendrai qu'il s'est présenté à Sainte-Lucie avec un *book* comportant des photos de mes modèles...

Fidèle à ma philosophie de vie – aller toujours de l'avant –, je continue à m'acharner sur mon increvable petite machine à coudre et à vendre quelques modèles dans le milieu afro-antillais. C'est dur. L'argent gagné sert essentiellement à payer les notes d'électricité – sans électricité, pas de vêtements – et le téléphone – sans téléphone pas de contacts. La nourriture arrive en dernière position au hit-parade des priorités. J'ai faim, mais je tiens bon. Entre deux joints, Cory me regarde m'agiter avec un fatalisme déroutant ! Je n'arrive pas à me rebeller. Je l'aime, il est artiste, je suis artiste, nous sommes deux artistes en galère. Nous devons nous entraider et non nous livrer à la guerre de celui qui réussit à gagner de quoi nous tirer d'affaire, rapport de force si loin de ma nature profonde et que je trouverais grotesque. Je sais aussi que galérer avec quelqu'un qu'on aime et qui vous aime est plus supportable que galérer seul...

*
* *

Je prie Dieu avec ferveur pour que ma roue tourne... Et mes prières sont bientôt exaucées via Esmod. Je reçois un coup de téléphone de mon école. Stéphane, un jeune créateur, cherche un modéliste. Je vais au rendez-vous et je suis pris, mais comme stagiaire, non payé bien sûr ! C'est toujours la même histoire. Les jeunes créateurs n'ont pas d'argent. Ils vous promettent la lune mais, au moment de vous la donner, il y a comme un léger problème ! Le travail est passionnant, mais ça ne paye pas mon loyer. Je suis obligé de faire des heures sup' la nuit, pour des commandes privées. Une jupe à cent francs par-ci, un pantalon à cent cinquante francs par-là, j'ai bien du mal à assurer les charges courantes.

Un copain me parle alors d'un autre jeune créateur, black américain celui-là, qui recherche lui aussi un modéliste. Encore un ! Je décide néanmoins de tenter l'aventure. Avec un peu de chance, je pourrai peut-être me débrouiller pour obtenir des papiers. Car mon permis de séjour a expiré. Je suis en situation totalement irrégulière !

Jim – c'est son nom – parle fort, avec une assurance, une aisance typiquement américaine. Il joue de sa taille, de sa carrure, de ses muscles, mais mon instinct m'avertit aussitôt que cette façade « très mec » n'est qu'une apparence... Son regard se pose sur mon manteau en fausse fourrure, mon petit pull de couleur et mes talons aiguilles. Je note immédiatement dans ses yeux une lueur de dégoût. OK, je suis d'emblée recalé dans ma matière « faible » : le *look*. C'est ainsi. Et je n'ai pas droit à une session de rattrapage. Je ne me trouble pas pour autant. Il cherche un modéliste, je pourrais lui convenir, mais ma présence le dérange ? Pas de problème, qu'il me donne le travail et je le ferai chez moi. Ma façon directe d'aborder la question lui plaît. Il semble soulagé. Nous discutons un moment, il me confie un dessin et me demande de rapporter sa commande le plus tôt possible. Par la suite je découvrirai, sans surprise, qu'il aime les hommes mais qu'il ne supporte pas les garçons efféminés. Le ghetto existe, même dans la communauté gay. Non seulement je suis rejeté par les hétérosexuels, mais je suis également rejeté par un grand nombre d'homosexuels. Ceux-là me considèrent comme une bête de foire ou un bouffon. Ce n'est pas avec quelqu'un comme moi qu'ils veulent passer leurs jours et encore moins leurs nuits.

Cela dit, j'ai trop besoin de travailler pour m'attarder sur un sujet que je connais déjà par cœur. Je rentre chez moi sans états d'âme et je m'attelle aussitôt à la tâche. Je reviens chez Jim le lendemain avec mon travail fini. Il me paye des cacahuètes, mais il est ébloui par mon habileté.

– Écoute, j'aimerais vraiment continuer avec toi, mais je voudrais que tu viennes à l'atelier, ce serait plus commode...

– Non, je me sens mal à l'aise, je préfère travailler chez moi.

Si je suis, moi aussi, impressionné par son talent, je n'ai pas envie de me donner à fond dans une mauvaise ambiance, et surtout sous son regard méprisant. Je veux travailler, apprendre, en revanche je ne suis pas maso. Jim me confie malgré tout d'autres pièces et je finis par faire la collection entière. Prétextant qu'il a mis toutes ses économies dans son défilé, il me paiera pour un seul modèle !

J'essaie de trouver un accord pour continuer

quand même à travailler avec lui, et j'en profite pour lui demander pourquoi il ne s'occupe pas de moi comme il le fait avec ses autres stagiaires, les emmenant dans les soirées et leur présentant des gens importants. Il m'avoue qu'il n'assume pas mon *look* et qu'il ne peut se permettre de s'afficher en ma compagnie dans des fêtes ou lors d'événements importants. Choqué, je lui réponds que nous n'avons plus rien à faire ensemble.

De retour à Montreuil, je craque. Je n'ai plus de papiers, plus d'argent. Je suis au bord du gouffre. Je peux compter sur l'amour de Cory, pas sur sa volonté de nous sortir d'affaire.

Coup de théâtre, Jim me rappelle au bout de quelques jours.

– Tu as du talent et j'aimerais vraiment que tu reviennes travailler avec moi. Je te promets que je te présenterai à des gens..

Contre toute attente, il change radicalement d'attitude à mon égard. Je découvre un Jim sensible, tolérant. Nous allons faire équipe pendant huit ans, huit ans surréalistes ! Jim a un talent fou, mais il n'arrive pas à s'en sortir. Son style très avant-gardiste décourage les financiers qui ne veulent pas prendre de risques. Il a tous les atouts en main pour entrer dans une grande maison, mais sa singularité inquiète. Par ailleurs, le « mécène » qui finance ses défilés le poursuit de ses avances. Jim, qui n'est pas amoureux, ne peut se résoudre à sortir avec lui. Du jour au lendemain, son seul soutien financier le laisse en plan. Jim et moi nous nous rapprochons, amicalement parlant bien sûr, car je suis toujours amoureux de Cory. Jim déménage dans un petit appartement du IXe arrondissement. Nous continuons à travailler, souvent la nuit, envers et contre tout, dans des conditions très difficiles. Mon coéquipier, qui a une bicyclette comme tout moyen de transport, me ramène à Montreuil sur son porte-bagages ! Ainsi nous visitons Paris, rigolant comme des gosses, essayant d'oublier nos galères respectives. Je garde un bon souvenir de ces moments, même s'ils étaient durs, car nous avions la foi chevillée au cœur, l'espoir de jours meilleurs à venir.

*
* *

Le bail du gourbi de Montreuil est terminé. Aucune poursuite n'est entamée pour toutes les échéances non payées, mais cette fois-ci je suis forcé de partir sous peine d'être expulsé. Un copain styliste me dit qu'il a une chambre de libre dans l'appartement qu'il partage avec son petit ami. Philosophe, je finis par penser que je suis abonné aux colocations et que c'est peut-être mieux ainsi. En pleine nuit, je sors Cory de son état comateux habituel et je lui explique qu'il doit faire ses bagages. Sans manifester d'étonnement, il obtempère et me suit dans le XVIIIe arrondissement.

L'appartement de mon copain styliste se situe près du métro Château-Rouge, dans un quartier

« chaud ». Si ce n'est pas tout à fait Montreuil, ça lui ressemble... Me voilà de nouveau dans un ghetto. Ma fenêtre donnant sur la rue, je suis aux premières loges pour assister, tous les soirs, à une chasse à l'homme effroyable. La drogue se vend sur le trottoir. Et toutes les deux minutes, un car de police débarque pour emmener au poste les revendeurs interpellés. De nouveau, j'ai la peur au ventre. Je ne vends pas de drogue, mais je suis en situation irrégulière. Je travaille au noir et je n'ai pas de papiers. Et pourtant, je suis titulaire d'un diplôme français ! Je me sens directement concerné par ce que je vois et, chaque fois que j'entends une sirène de police, je tremble. Dans les pires moments, je m'imagine rapatrié par le premier avion direction Sainte-Lucie... Sainte-Lucie où je n'ai aucun avenir. Comment exercer mon métier, la mode, dans une île où il n'y a pas de saisons ? Il me faut un emploi fixe, avec un contrat de travail. J'ai vingt-six ans et j'en ai assez de me battre contre des moulins à vent. Cette terreur d'être contrôlé par la police me pourrit la vie et me pompe toute mon énergie.

Bizarrement, je ne serai jamais contrôlé. Sous mon nez, on arrête des Africains, des Arabes, et moi on me laisse tranquille. Ma silhouette fragile doit rassurer. Une chose est sûre : je n'inspire pas la terreur. Les autorités pensent peut-être que je suis un étranger en vacances à Paris ou, pourquoi pas, quelqu'un qui exerce un métier dans la mode, ce que je suis finalement censé faire !

C'est la deuxième fois que mon *look* raffiné, féminin, joue en ma faveur. La première ce fut à Esmod. Là-bas, on m'a très vite envoyé faire des stages. Un jour, je téléphone pour prendre un rendez-vous avec le créateur Angelo Tarlazzi. La jeune femme qui me répond me demande de venir au plus vite à l'atelier, ils ont besoin de quelqu'un de toute urgence. Lorsque j'arrive, je vois la stupéfaction sur le visage de mon interlocutrice.

– En fait, ça ne va pas être possible. Je suis désolée mais votre voix... Au téléphone, j'ai cru que vous étiez une femme et nous cherchons une femme.

Vexé et furieux d'avoir perdu mon temps, je la prends à partie :

– Attendez, vous me donnez un rendez-vous en me disant que je suis quasiment embauché et maintenant que je suis là vous ne voulez plus de moi ?

Elle me regarde d'un air gêné :

– Vous savez bien que lors des essayages, les mannequins préfèrent avoir affaire à une femme.

Et là je réplique, avec cet aplomb que je suis capable d'avoir quand je sens que je n'ai rien à perdre :

– Ah oui ? Et quoi de plus femme que moi ?

– Je vais aller chercher ma directrice, me répond-elle, interloquée.

La directrice arrive, me regarde de la tête aux pieds et se tourne vers mon interlocutrice avec un léger sourire :

– Tu peux donner le stage à ce jeune homme,

je ne crois pas que les mannequins vont se sentir mal à l'aise en sa présence.

Non seulement j'ai eu le stage, mais j'ai eu l'occasion de retravailler à plusieurs reprises avec Angelo Tarlazzi !

Grâce à ces « petites choses », grâce à ce négatif qui se tourne en positif chaque fois que le « torchon brûle » entre moi et mon combat pour devenir quelqu'un, je vois que Dieu se manifeste dans ma vie...

Pour en revenir à ce nouveau quartier où je viens d'emménager et à ma peur d'être interpellé, je décide de ne plus prendre le métro et de marcher. Je vais à tous mes rendez-vous à pied, à grandes enjambées, royal sur mes talons hauts. Ma grand-mère est partie, mais son *« don't forget, you're unique ! »* ne me quitte jamais. Galérer oui, mais toujours avec dignité et sans perdre de vue son but...

– 3 –

SANS DOMICILE FIXE

Mon copain styliste galère, lui aussi. Chacun de nous vit en couple et la cohabitation se dégrade lentement mais sûrement. Mon copain commence à faire des comptes sordides sur ce que je lui dois et, me sachant en situation irrégulière, il en profite : je n'ai pas les moyens de me rebeller. Lui et son ami ont de quoi manger, pas nous. Tous deux iront même jusqu'à se préparer de bons petits plats devant nous sans nous en proposer les miettes. C'est dur. Mon ventre crie famine. Comme souvent, mon instinct me parle. Je le sais, je le vois venir : les choses vont mal finir. Je n'ai pas un sou en poche, je n'ai même pas de quoi acheter le journal *De particulier à particulier* et pourtant je me mets en quête d'un logement. Ma dignité ne me permet pas de rester dans un endroit où je suis indésirable. En plein mois de janvier, dans un froid glacial, je fais le tour des concierges, au cas où une chambre de bonne se libérerait. J'ai l'impression de vivre l'histoire de *La Petite Marchande d'allumettes*, que j'ai lue dans mon enfance.

Sauf que je suis un homme et que j'ai vingt-six ans.

Une nouvelle année commence, je me dis qu'il est impossible que je ne trouve pas de solution. *I believe in fate*, je crois au destin et à ce dicton : *Help yourself, do your best and God will do the rest...* Je suis seul, une fois de plus – comme chaque année depuis que nous vivons ensemble, Cory est rentré dans sa famille pour les fêtes de Noël et du nouvel an – mais cette force qui m'habite dans les moments les plus difficiles ne me lâche pas. Je compte sur mon courage et sur ma foi en Dieu, je ne compte plus sur Cory et ses belles envolées lyriques : *j'ai du talent, tu vas voir, je vais devenir un musicien célèbre...* Non seulement il consomme de plus en plus de *shit*, mais à présent il en vend... Et j'ai beau jeter régulièrement par la fenêtre toute sa fichue marchandise, il ne songe pas un instant à se remettre en question.

Au hasard de mes démarches je croise Patrick, un jeune comédien que j'ai connu lors de mon stage de français, à Vichy. Ce garçon vit à Saumur et il est en vacances à Paris chez une de ses copines, Floriane. Gentiment, il me propose de m'aider dans mes démarches. Je reprends, avec lui, le chemin de la maison, le cœur un peu moins lourd. Arrivé devant la porte, j'ai du mal à croire à ce que je vois ! Mon instinct m'avait pourtant averti... Toutes mes affaires – valises, vêtements, objets divers, vaisselle – et celles de Cory jonchent le trottoir. Je me précipite dans l'escalier et je monte les marches quatre à quatre, suivi par mon copain, effaré. La porte de l'appartement est fermée, les serrures ont été changées. Calmement, je redescends et je ramasse mes biens. Je les entasse sur le bas-côté de la rue, je m'assieds sur une valise vide, et je pleure un bon coup. Puis je me remets debout et je contemple les vestiges d'une survie de nouveau mise en pièces. Ma machine à coudre et mes accessoires de couture se trouvent chez Jim, ça suffira. Je laisse tout sur le trottoir.

OK, c'est mon *yesterday*...

Patrick me propose de venir chez son amie qui vit à République. Une fois arrivé, j'appelle Cory chez ses parents et je lui explique ce qui se passe. Il me dit qu'il part immédiatement récupérer ses affaires. Et une fois de plus, je dois faire avec une solution bancale : Floriane habite avec son frère, il n'y a pas de place pour une autre personne. En revanche, elle m'offre de venir quand il n'est pas là. C'est déjà ça. Le reste du temps, on verra bien...

Les jours et les nuits qui suivent se passent dans un contexte ahurissant. Cory reste vivre chez ses parents, mais il supporte mal de ne pas me voir. Aussi, il nous arrive de dormir dans des escaliers, par terre dans des cours d'immeuble et même dans le métro. Mon copain comédien me met en garde contre les dangers que j'encours. Je suis bien habillé, ni Cory ni moi n'avons l'air de clochards. Et pourtant, nous allons vivre comme tels. On se lave sur place, ou chez Floriane qui nous prête des vêtements propres. Un jour, fatigué et usé par cette vie insensée que nous menons Cory et moi, j'affronte Jim :

– Écoute, je travaille pour toi. Tu habites tout seul dans ton appartement, tu n'as pas de petit ami et moi j'ai vraiment besoin d'un endroit pour me poser.

Jim me regarde d'un air surpris :

– Oui, c'est possible, mais je ne comprends pas, où est-ce que tu habitais jusqu'à présent ?

Je lui réponds en le regardant droit dans les yeux :

– Nulle part. Je dormais dans le métro.

Jim est fracassé par ma révélation.

– Bon, on va se débrouiller. Tu vas dormir dans le salon.

Je m'installe donc chez lui. Le salon, minuscule, sert aussi d'atelier. L'électricité a été coupée depuis plusieurs mois déjà, Jim ne pouvant régler les factures. Nous vivons et cousons à la lueur des bougies. On se lave à l'eau froide et, lorsque c'est vraiment trop insupportable, on va dans les douches publiques. Quand Jim me dit que tout cela est passager, qu'il va bientôt s'en sortir, je le crois, comme j'ai longtemps cru Cory... Jim me fait des quantités de promesses : il m'obtiendra des papiers, il me donnera de l'argent, il me trouvera un appartement... Et moi, comme d'habitude, je transmets mon énergie phénoménale à l'un comme à l'autre, sans penser une seule seconde à ce que je suis en train de devenir, moi, Vincent : le « sans-papiers » de Sainte-Lucie. J'ai même obtenu de Jim l'autorisation que Cory vienne vivre avec nous...

Nous travaillons comme des fous et nous enchaînons les défilés. Le problème, c'est que Jim n'a pas compris qu'entre deux défilés il fallait démarcher, aller voir les financiers plutôt que de se remettre à dessiner une nouvelle collection, qui ne se vendra pas davantage que la précédente ! Sarah, sa sœur, nous envoie de quoi survivre, nous bradons des vêtements à droite et à gauche...

En fait, notre grande naïveté et notre passion pour la création nous perdent. Nous privilégions l'artistique au détriment du relationnel. Jim a pourtant un carnet d'adresses, mais il ne sait pas s'en servir !

Bientôt, je passe du stade de SDF à celui de voleur ! Dans les grandes surfaces, nous débarquons avec nos sacs plastique et nous nous servons. Je suis chargé de faire le guet – n'ayant pas de papiers, je me suis attribué d'office ce rôle, moins dangereux pour moi – pendant que Cory et Jim ouvrent des boîtes de conserve et les vident dans des sacs. Et quand la faim est insoutenable, nous mangeons sur place. Notre petit trafic ne fonctionne pas trop mal. On fait front ensemble, et parfois, on rigole bien. On se sert de viande, de poisson, de sauces diverses dans les supermarchés, et pour les accompagnements – légumes ou autres – on écume les marchés, ramassant tout ce qui traîne. Nous piquons aussi des fournitures pour nos travaux de couture, et surtout des piles pour les lampes torches qui nous servent d'éclairage...

Un jour, on se fait presque prendre. Alors que Jim et Cory sont en train d'ouvrir des boîtes de thon, Jim rate son coup... Un filet d'huile d'olive glisse le long de son pantalon, puis c'est la boîte entière qui se renverse. Nous passons devant les vigiles, puant le poisson, mais très dignes. J'ai beaucoup de mal à garder mon sérieux. Sitôt le barrage des caisses franchi, Jim et Cory prennent leurs jambes à leur cou, me plantant là. Les vigiles ne peuvent rien contre moi : je n'ai rien fait et « non, bien sûr, je ne connais pas ces deux garçons qui viennent de s'enfuir »...

Notre situation est vraiment précaire. Heureusement, notre trio « marche » bien. Jim apprécie Cory et plus que jamais nous sommes soudés par nos ambitions de créateurs et notre volonté de survivre à tout, y compris au pire.

Pourtant, à l'été 1994, je me rends bien compte que ça ne peut plus durer. J'ai beau m'accrocher, continuer d'y croire quand je n'y crois plus, implorer Dieu de m'envoyer Son soutien, je craque. *Je dois retourner à Sainte-Lucie...*

– 4 –

RUPTURE

J'avais gardé mon billet de retour fourni par l'école à la fin de mes études, *pour le cas où...* Ma dignité est bien entamée quand je pose mon pied sur le sol de mon île. Pas de tapis rouge ni de bouquet de fleurs pour m'accueillir. J'ai honte. Moi qui espérais revenir ici en vainqueur, me voici *looser* sur toute la ligne. *Je n'ai pas pris la bonne voie pour avoir un jour ma voix...* Je reviens les mains vides, avec néanmoins, dans mes valises, un bon nombre de nos créations communes à Jim et à moi. Les adieux avec Cory ont été douloureux – nous nous aimons toujours –, mais lui a sa famille à Paris, moi la mienne à Sainte-Lucie. C'est mon ultime recours, ma dernière chance. Mama Fa est morte, mais j'ai ma mère, des frères et des sœurs, des cousins et des cousines, et mon amie Vicky sur qui je peux toujours compter. Mon petit frère Donovan, qui a alors une vingtaine d'années, vit avec sa mère. Je décide d'aller m'installer chez eux. Ils m'accueillent à bras ouverts, ne me posent pas de questions, ne me jugent pas.

Encore une fois, j'ai honte de ce retour qui n'est pas celui que je souhaitais, mais je décide tout de même de me rendre à l'ambassade de France pour remercier ceux qui m'ont permis de faire ces études. L'ambassadeur, qui est alors une femme – Sylvie Alvarez – me reçoit, ainsi que le ministre de la Culture, Romanus Lansiquot. Je leur dis combien je leur suis reconnaissant de m'avoir permis de développer mes dons dans une prestigieuse école... et il me vient alors une idée. Je leur propose d'organiser un défilé pour qu'ils puissent juger eux-mêmes des progrès accomplis. J'ai en ma possession suffisamment de beaux modèles – les miens et ceux de Jim – pour organiser une présentation de mode digne de ce nom. L'ambassade décide de mettre à ma disposition le centre culturel français, bâtiment construit par l'Alliance française. Mais il me faut des mannequins, des maquilleurs... Je ravale ma fierté et j'appelle à mon secours toutes mes copines et tous mes copains. Le gouvernement de Sainte-Lucie assume tous les frais de fournitures, cartons d'invitation et autres. Le défilé est un succès, avec à la clef des retombées positives dans la presse et à la télévision. Ma vie ne s'en trouve pas bouleversée pour autant, mais j'ai au moins la satisfaction d'avoir accompli ma mission : remercier ceux et celles qui m'ont aidé, et surtout Jim dont je vante l'immense talent.

Je suis en plein ouragan personnel, et voilà que les éléments extérieurs se déchaînent à leur tour.

Le lendemain du défilé, la tempête tropicale Debby dévaste Sainte-Lucie. Il fait froid, les routes sont bloquées, il n'y a plus d'électricité... Je veux tout de même faire le tour de l'île, et revoir la maison de ma grand-mère. Donovan me sert de chauffeur dans ce pèlerinage chargé de mélancolie, de souvenirs doux-amers, mais aussi d'incompréhension et de violence. Je revois ma tante Sonia. La « semeuse de zizanie » a changé. Elle est désormais plus accessible, moins raide. Sa méchanceté et son aigreur légendaires ont fait place à une tristesse résignée. Nous parlons. Et le moment est si fort, si plein de tolérance que le nom de Matthew vient se mêler à la conversation. Sonia m'apprend que ni elle ni le reste de la famille n'ont jamais aimé cet homme... Mais que faire, que dire, devant une Mama Fa obsédée par la condition sociale et aveuglée par les mots enjôleurs d'un Matthew tout-puissant ? Je lui avoue alors que Matthew m'a violé. Sonia, consternée, ne comprend pas. Gênée, elle a du mal à soutenir mon regard.

– Mais pourquoi n'as-tu rien dit à personne ? balbutie-t-elle.

– Sonia ! Personne ne m'aurait cru ! J'étais un enfant...

Quelques jours plus tard, je vais faire le même aveu à mon père, qui s'écrie, hors de lui :

– Je vais aller casser la gueule à ce salaud !

Je le remets à sa place sans ménagement.

– Ah oui ? Eh bien vois-tu, c'est trop tard ! Je suis assez grand pour régler mes comptes tout seul, aujourd'hui. Tu n'étais pas là quand j'avais besoin de toi et tu m'as suffisamment répété qu'un enfant a juste le droit de se taire...

« Régler mes comptes », c'est vite dit, mais je vais sur mes vingt-neuf ans et le mal a été commis voilà presque dix-sept ans ! « On » est consterné, « on » est horrifié, « on » est désolé pour moi, mais il y a si longtemps...

Alors, tout naturellement, je pense à Kate. Titie Kate... *Que reste-t-il de toi, ma pauvre Barbie doll ?* Peu désireux de visiter sa nouvelle maison, un autre *lieu du crime*, je lui demande de venir me voir chez la mère de Donovan.

Est-ce un être vivant ou une ombre à qui j'ouvre la porte ? J'ai devant moi une femme abattue, prostrée, frustrée sur le plan affectif. Kate a toujours son joli visage, mais elle s'est empâtée. La souffrance se lit dans ses yeux. Nous parlons de longues heures dans la chambre de Donovan. Je sens qu'elle a besoin de se confier. Tout est trop lourd pour elle : son travail à la banque, ses trois filles, des adolescentes à présent, son mari... Elle a raté sa vie. Sa confession me bouleverse. Je pense à mon combat, à ce combat intime et silencieux que je mène depuis des années, à ma façon, sans éclats, sans moyens, du moins pour l'instant, mais que je ne trahis pas. Je ne peux rien pour Kate. Son inertie me désole, pourtant nous sommes plus proches que jamais.

*
* *

Suite au défilé que j'ai organisé avec succès, le gouvernement, touché par mon obstination et conquis par mon talent, m'a donné un nouveau visa d'une durée d'un an pour la France. Mon frère Donovan, qui vient de commencer à travailler comme architecte, met toutes ses économies dans l'achat de mon billet et, deux semaines plus tard, je reprends l'avion pour Paris !

Quatre mois se sont écoulés depuis mon départ. Je suis sans nouvelles de Cory. Il ne s'est manifesté qu'une seule fois : il m'a envoyé un joli agenda accompagné d'une tendre dédicace. Depuis, silence radio. J'ai un visa mais pas d'argent, pas de toit, pas de permis de travail, pas de contrat avec qui que ce soit... Bref, mon souhait de retourner dans la ville dont je suis follement épris est exaucé, mais les conditions demeurent inchangées. J'ai la désagréable impression d'être pris dans une spirale infernale. Je n'ai d'autre choix que de débarquer chez Jim. Mais « ma » place est prise : Jim a un nouveau petit ami, je ne pourrai donc pas loger chez lui, mais travailler si. Je retrouve Cory comme si je l'avais quitté la veille : amoureux, gentil, prévenant, heureux de me voir de retour, et toujours ensuqué dans les vapeurs de son précieux *shit*.

Un point positif pourtant : désormais, chez Jim, quand j'appuie sur l'interrupteur, la lumière jaillit !

Ô miracle, Jim a trouvé de quoi nous offrir du courant. Ce « détail » change tout. Je peux recommencer à coudre des vêtements et à les proposer. J'ai quelques clients privés. Et le bouche à oreille commence à fonctionner parmi les artistes : j'habille un groupe musical très en vue à ce moment-là : les Zouk Machine, un groupe de filles.

Faire les costumes de scène pour ce *girl's band* va me permettre de chercher à nouveau un appartement. Par l'intermédiaire d'un copain qui en connaît un autre qui... je trouve une sous-location dans le XVIIIe arrondissement. C'est petit, sombre, assez triste mais propre et, comble du luxe, je suis chez moi ! Je vis à la lumière électrique du matin au soir. Cory ne gagne toujours pas d'argent, mais je suis incapable de lui en vouloir. Ce garçon m'a sauvé. Il m'a tout donné. Il m'a appris à me libérer de ma méfiance envers l'homme, il m'a réconcilié avec les choses de l'amour ; il m'a valorisé, aimé, admiré. Et s'il n'a pas complètement chassé l'image de Matthew – qui le pourrait ? –, il a fait en sorte de la dédramatiser pour qu'elle ne me bloque plus jamais dans mes futures relations, amicales ou amoureuses.

Pourtant, cela ne peut plus durer. Je me sens impuissant face à ce *shit* de malheur qui annihile mon compagnon. De son côté, le conflit avec sa famille est à son maximum. Cory n'assume plus la situation. L'heure est à la séparation. D'un commun accord, nous décidons de rester amis. Cette formule toute faite, qui résonne froidement, résume une situation en la privant de son contenu émotionnel. En réalité, bons amis ou non, on se quitte et c'est affreusement triste.

*
* *

Tout l'argent que je gagne me sert à payer mon loyer. Je revois Joe, l'ami fidèle, rencontré à Vichy lors de notre stage de français. Son soutien, sans faille et sans ambiguïté, m'est précieux. Faute de mieux, je continue à travailler avec Jim. Il me paye ou ne me paye pas. Une chose est sûre, cependant : il n'a plus honte de moi. Il m'emmène partout et me présente comme son collaborateur. Je commence à me faire un petit nom dans le milieu très fermé de la mode. Manque de chance, le délai prévu pour ma sous-location se termine. Le locataire principal réintègre son appartement. Je dois encore partir... J'aimerais me stabiliser quelque part mais, puisque cela semble impossible, je fais avec. Je retourne chez Jim. Pas pour longtemps...

À l'Église américaine, en parcourant les petites annonces, je trouve une colocation avec une Autrichienne, Heidi. Je ne lui cache pas ma situation. Heidi est simple et sympathique, sans zones d'ombre. Elle a des papiers et des fiches de paye. En réunissant nos économies, nous pouvons prendre un logement. Nous habitons tout d'abord le XVe arrondissement, puis nous émigrons dans le Xe : un trois pièces de soixante-dix mètres carrés au cinquième étage d'un immeuble ancien, mais décent.

Le quartier, populaire, me convient. Pourtant y circulent des bandes de gamins qui font la loi. Ces ados désœuvrés me prennent immédiatement pour cible. Je suis agressé une première fois, puis une deuxième avec jet de pierres en prime. La troisième fois, je ne me laisse pas démonter. Je vais directement voir le chef de la bande, un Black d'une quinzaine d'années, et je lui dis :

– Écoute, j'habite ici et j'ai bien l'intention de rester. Tu vas me voir passer et repasser tous les jours, et toutes les nuits car il m'arrive de travailler tard, donc nous allons devoir partager l'espace. Je te propose d'essayer de nous respecter les uns les autres. Et si tu veux me casser la gueule, fais-le tout de suite. Quant aux médisances, aux agressions verbales, sache bien que je m'en moque...

Le gamin me toise avec mépris, mais il ne répond pas. Et peu à peu, au fil du temps, non seulement ces gosses cesseront de m'agresser, mais ils me protégeront des autres bandes !

Pour une fois ma cohabitation – avec Heidi – se passe vraiment bien. Nous avons chacun notre chambre. Heidi est une fille discrète, sans histoires. On s'entend à merveille. Elle bosse, je bosse. Elle a un petit copain et passe beaucoup de temps chez lui, me laissant alors l'appartement pour moi tout seul.

Lors d'un défilé auquel j'assiste en compagnie de Jim, je fais la connaissance de Célia, un ex-mannequin qui, passé son heure de gloire, s'est reconvertie dans le stylisme. À sa demande, je quitte Jim pour collaborer avec elle. Il faut quand même que je gagne un peu plus d'argent ! Mais bientôt, je déchante. Cette fille est instable, cyclothymique. Je vais pourtant travailler pendant près de trois ans avec elle, jusqu'à ce que mon visa soit périmé. J'en ai assez des « ne t'inquiète pas, je vais trouver un moyen pour te sortir de là » mais j'écoute encore Célia. Elle a des idées, de l'ambition, des locaux somptueux et une boutique qu'elle ne peut pas ouvrir faute de vêtements. Donc je lui couds une centaine de pièces. On ouvre la boutique. Les vêtements s'envolent. Il faut en refaire d'autres... Je ne marche plus : elle m'a payée, elle aussi, avec un lance-pierres. La boutique se referme comme elle s'est ouverte.

Dégoûté, je prends mes cliques et mes claques et je laisse Célia avec les huissiers... *I'm bored.* J'en ai marre. Tout le monde profite de moi. Je n'avance pas, je recule. Il est grand temps de sortir de cet engrenage.

– 5 –

PATCHWORK

Je croise souvent sur ma route des grands blessés de la vie, des âmes égarées ou des oubliés de la chance, sans doute parce que l'homme que je suis devenu est encore meurtri. Mon cœur s'ouvre au malheur d'autrui comme une fleur ouvre son pistil aux premières abeilles. Sûrement trop vite. J'y pense... et puis j'oublie. Ma nature profonde reprend le dessus. Je pense au bien avant de penser au mal. Ce système de fonctionnement me colle à la peau. On me trahit ? On me fait bosser pour des clopinettes en me promettant la fortune ? On m'exploite ? Tant pis. Je sais que je dois un peu m'endurcir, mettre un frein à ma spontanéité et à mon enthousiasme d'enfant, mais je refuse la paranoïa et surtout l'amertume. Cette méfiance n'est pas ce que m'a laissé Cory en héritage.

Seulement j'ignore encore les multifacettes de ce monde d'artistes saltimbanques que je côtoie et je finirai bientôt par me retrouver dans une situation hallucinante.

Encore et toujours lors d'un défilé, un homme m'aborde, en anglais. Il est styliste, originaire du Liberia. Il a beaucoup entendu parler de moi et il veut me connaître. Cet homme-là n'est pas tout à fait comme les autres. Il se déplace en fauteuil roulant, et je vais bientôt apprendre qu'il a contracté la polio en Afrique. Son histoire m'émeut. David – c'est son nom – est en train de préparer un défilé pour une œuvre caritative. Il s'agit de réunir de l'argent afin de construire une école et un village en Éthiopie pour les enfants qui n'ont pas les moyens de s'instruire. Des personnalités de tous horizons – sport, mode, musique – ont accepté de mettre leur notoriété au profit de cette cause : *African Mosaic*. Le défilé aura lieu pendant la semaine de la couture, à Paris, au Carrousel du Louvre. Je propose à David de l'aider. Apporter mon soutien – même minime – à une œuvre concernant des petits bouts de chou qui vont pouvoir apprendre m'enthousiasme. David et moi avons un but commun : celui de protéger l'enfance.

Je me souviens d'une jolie anecdote, concernant un mannequin alors en pleine ascension et qui aujourd'hui est devenu une star internationale. Lætitia Casta, puisque c'est d'elle qu'il s'agit, doit défiler ce jour-là. Elle se retrouve en cabine avec une quantité astronomique de vêtements à porter. Un autre mannequin a été convoqué, mais il ne convient pas à la direction. Lætitia, avec la spontanéité et la fraîcheur qu'on lui connaît, s'insurge :

– Mais moi j'ai trop de vêtements ! Vous devez en donner à cette fille ! Elle doit rester, défiler elle aussi. On est tous là pour la même cause. Ce n'est pas bien de l'avoir fait venir pour rien...

Je n'oublierai jamais cet épisode et la révolte, bien justifiée, de celle qui allait faire une double carrière, à la fois dans la mode et dans le cinéma.

*
* *

Dans la vie tout le monde veut quelque chose et ce cher handicapé de David ne déroge pas à la règle, que j'ai apprise – trop souvent – à mes dépens... Il manque à ce styliste un carnet d'adresses ! Il veut mes contacts. Je ne suis pas dupe, mais j'ai de la compassion pour lui. Je ne le laisse pas tomber. Je viens voir ses vêtements dans l'appartement qu'il loue. Il vit entre la France et les États-Unis, mais il m'explique qu'il aimerait s'installer définitivement à Paris. Malheureusement, il ne connaît personne...

Le défilé se passe bien. David décide de renouveler l'expérience la saison suivante.

Entre-temps, je recueille un autre petit oiseau tombé de son nid. Une certaine Michelle, mannequin amateur qui a défilé une ou deux fois pour Jim. Elle vient d'avoir un bébé, se retrouve seule – le père de son enfant a obtenu la garde – à la rue... Avec l'accord de Heidi, qui voyage beaucoup, je lui propose de venir vivre à la maison. Et, pour elle, je me transforme en Pygmalion. Je lui apprends à s'habiller, à marcher, à se coiffer – ma coiffeuse, Liv, une amie, accepte de la transformer gratuitement.

Au même moment, j'entends parler d'un appartement qui se libère, juste au-dessus du mien, dans mon immeuble. J'en parle à David. Aussitôt, il vient le visiter. Il signe le bail et s'installe. Nous commençons, Michelle, David et moi, une vie à la *Friends* à laquelle je veux encore croire, en dépit de mes précédents échecs. Les galères sont moins lourdes à supporter quand on est plusieurs à les vivre. Je ne me rends pas compte qu'en voulant à tout prix sauver les uns et m'occuper des autres, je me noie. Tant bien que mal, j'arrive à payer ma part de loyer en faisant des vêtements pour les femmes d'ambassadeurs des pays africains. Elles me règlent en espèces car ma situation illégale ne me permet pas d'avoir un compte en banque. Je travaille toujours au noir, je n'ai pas de fonds de commerce, de situation légale d'artisan ou d'entrepreneur. Il me faudrait pour cela des cautions, de l'argent pour monter une entreprise, je n'ai rien de tout cela.

Ma copine Liv – la coiffeuse – a une cliente, Hélène, dont le mari, un Italien, est banquier. Cette cliente m'a aperçu plusieurs fois au salon de coiffure, elle aimerait faire ma connaissance. Nous sommes donc invités, Liv et moi, chez cette femme. Elle et son mari, Paolo, vivent dans une maison de style baroque, où le moindre objet est signé Versace. Le champagne coule à flots, les belles paroles et les belles promesses aussi. Paolo cherche à placer de l'argent. Je lui parle de mes créations. Coup de chance, Liv porte une robe que je lui ai faite ! Plus que séduit, Paolo me propose de financer ma collection. Intéressé mais sur mes gardes, je lui dis que je préfère consulter un avocat pour voir de quelle manière il est possible de mettre sur pied quelque chose de solide, vu la situation irrégulière où je me trouve.

Je m'offre donc les services d'un avocat. Celui-ci me conseille de prendre une immatriculation à l'Urssaf, en tant que travailleur indépendant. La procédure est longue, je dois monter un dossier très complet. Mais l'affaire est prometteuse et je considère que c'est pour moi une chance. Seulement, question entourage, me voilà soudain pris dans un imbroglio digne des meilleurs (ou des pires !) vaudevilles.

Paolo tombe amoureux de Michelle qui entretemps lui a été présentée par Liv. Quant à Liv, qui est lesbienne, j'apprends qu'elle est secrètement amoureuse d'Hélène, la femme de Paolo, depuis longtemps... Paolo couvre Michelle de cadeaux somptueux. J'essaie de la mettre en garde contre les pièges de semblable situation, en vain. À part les quelques petits services de secrétariat qu'elle effectue pour David, Michelle ne travaille pas. Alors les munificences de Paolo l'éblouissent. Issue d'un milieu pauvre, elle se laisse prendre au piège d'un monde factice. Paolo lui donne de l'argent et elle aime l'argent, mais je l'ignore... Sachant que j'ai chez moi des espèces mais pas de chéquier, elle m'offre la possibilité de me servir de son compte.

Elle me donne sa carte bancaire, avec le code. J'y dépose mon argent sans aucune méfiance.

Quelques mois plus tard, c'est une nouvelle Michelle que j'ai sous les yeux. Elle porte mes vêtements, se sert de mon parfum, prend mes chaussures sans me demander mon avis, dépense l'argent de Paolo et manipule tout son entourage. Par son intermédiaire, David apprend que Paolo veut financer une de mes collections. Derrière mon dos, il va aller présenter ses modèles et réclamer lui aussi de l'argent à Paolo... Et il ose venir me l'avouer ! C'en est trop... J'ai adoré « Dallas » et « Dynastie », je déteste cet *Amour, gloire et laideur*...

J'ai à peine le temps de songer à faire le ménage une bonne fois pour toutes dans ce panier de crabes que Michelle s'installe un étage au-dessus, chez David, qui l'a sans doute séduite avec mille promesses. Mais je ne suis pas au bout de mes surprises. Un jour, en essayant de retirer mon argent avec la carte bancaire de Michelle, je découvre que le compte est vide ! Trop tard pour demander une explication : l'oiseau s'est envolé...

Mon sang ne fait qu'un tour : méticuleusement, je tire un trait sur tous ces gens qui m'ont mené par le bout du nez. Heureusement, je peux toujours compter sur Joe, Cory et Jim. Eux ne me trahiront jamais, je le sais.

Je touche quand même le fond du désespoir en apprenant que ma copine Heidi quitte l'appartement pour aller s'installer en banlieue avec son petit ami...

Bref. J'ai rompu professionnellement avec David après qu'il a été porter mes modèles à Paolo. Celui-ci en a sans doute plus qu'assez de cette bande de rêveurs dont une des représentantes cherche à lui piquer son épouse et dont une autre, devenue sa maîtresse, s'est tirée avec de l'argent qui ne lui appartenait pas. Et pour tout arranger, me voici de nouveau à la rue.

Je n'ose même plus prononcer le mot *tomorrow*...

– 6 –

UNE LUEUR DANS MA NUIT

Mon ami Jim revient, follement excité, des États-Unis où il séjournait. Il m'annonce qu'il a fait la connaissance de Marc Jacobs, un jeune styliste qui a le vent en poupe et que j'admire profondément. À l'époque où je feuilletais avec passion les magazines de mode à Sainte-Lucie, dans la Sunshine Bookshop, je me rappelle une couverture du *Vogue* américain qui m'avait particulièrement frappé. Michella, un mannequin célèbre à ce moment-là, posait dans une robe-tablier à rayures jaune et blanc. C'était une création de Marc Jacobs...

Marc vient d'intégrer les ateliers Louis Vuitton. Jim n'a que ce prénom à la bouche : *Marc... Marc...* Il me promet de me le faire rencontrer prochainement. Ils vont travailler ensemble sur une nouvelle collection.

Au même moment, le magazine *Marie-Claire* publie un reportage sur quatre jeunes créateurs noirs. David et moi en faisons partie. Sur une des photos me représentant, je porte une robe noire.

Il s'agit d'une création de David, mais la légende ne le mentionne pas...

Le lendemain de la parution de l'article, je reçois un coup de téléphone d'une femme. Elle ne se présente pas. Elle me dit seulement qu'elle a lu l'article de *Marie-Claire* et qu'elle aimerait me rencontrer. Tracassé par mes problèmes d'appartement, je lui demande de me rappeler plus tard. Elle rappelle. Nous convenons d'un rendez-vous pour le samedi suivant, à onze heures du matin.

Le samedi arrive. J'ai oublié le rendez-vous. On sonne à la porte. J'enfile un peignoir, j'ouvre et je me trouve nez à nez avec une femme ravissante, de taille moyenne, qui me sourit chaleureusement.

Un peu gêné, je la fais entrer dans le salon, et je cours dans la salle de bains me rafraîchir. Quand je reviens, elle est assise sur le canapé et me regarde en souriant. Elle semble détendue et très à l'aise. Et moi, je n'en mène pas large, au milieu de ce salon en désordre où j'ai commencé à entasser des cartons en vue de mon prochain départ.

– Cet article m'a beaucoup intéressé, commence-t-elle, j'ai un fils qui sort avec une jeune femme originaire des Caraïbes comme vous...

– Ah...

– Je suis souvent habillée par des grands couturiers, mais j'ai du mal à trouver un style qui me convienne. Tout cela est trop *« pretty madam »*. Je cherche une robe du soir noire, exactement comme celle que vous portez sur la photo du magazine. Pouvez-vous réaliser la même pour moi ?

Je la regarde, hébété.

– C'est vraiment gentil, mais il y a un problème... Je dois quitter cet appartement dans quelques jours et je ne sais pas vraiment où aller...

– Oui, en effet, c'est ennuyeux, me dit la jeune femme.

Et elle ajoute :

– Est-ce que vous pourriez tout de même me montrer votre *book* ?

Un peu désorienté par son insistance, je lui apporte le classeur où je range soigneusement toutes les photos de mes créations. Elle le regarde avec intérêt, le referme et me dit avec une simplicité incroyable :

– Je suis madame Claude Allègre. Mon mari est ministre de l'Éducation et je dois me rendre à beaucoup de cérémonies, d'inaugurations et de soirées. Je suis sûre que vous pourriez m'habiller...

Je réalise alors ce qui se passe. Je suis en peignoir de bain et en chaussettes devant une femme de ministre qui me demande de devenir son couturier personnel ! Je me confonds en excuses. Elle sourit de nouveau.

– Je veux faire quelque chose pour vous, dit-elle. Vous avez du talent et vous êtes courageux. Je suis disposée à me porter caution pour que vous trouviez un appartement.

Je reste sans voix devant cette femme qui ne me connaît pas et qui veut à tout prix me faire remonter à la surface de l'eau. Elle ignore tout de ma vie et, pourtant, elle a pressenti l'urgence. Elle a compris que cette vie tenait à un fil tout près de se casser pour de bon. *Elle me remet sur la bonne voie...* Claude, car elle a le même prénom que son mari... *Claude, ma bonne étoile...*

Je n'aurai pas à chercher bien longtemps et bien loin un appartement. Il me suffira de descendre un étage... J'habitais au cinquième, je logerai désormais au quatrième. Claude s'occupe de tout.

– J'ai confiance en vous, me dit-elle. Vous êtes un homme bien et talentueux. Faites en sorte de ne jamais me décevoir...

Mon ciel s'éclaircit même si David, qui n'a toujours pas digéré notre rupture professionnelle, me harcèle dans l'immeuble. Il menace d'appeler les autorités et de me dénoncer. Il me surveille. Il guette tous les gens qui viennent chez moi. Mais je n'y prête pas attention. L'espoir est revenu dans ma vie. Je travaille beaucoup pour Claude, suffisamment pour pouvoir payer mon loyer et vivre correctement.

*
* *

Lorsque Jim me propose de venir avec lui dîner chez Marc Jacobs, dans son appartement du VIIe arrondissement, j'ai le cœur qui cogne dans ma poitrine. Je rencontre quelqu'un de simple, de gentil, de réservé, de vrai. Il nous accueille dans un cadre sublime, à la décoration minimaliste. Sa passion pour son art se reflète dans toutes les pièces. Dessins, esquisses, accessoires, fournitures, l'espace entier est occupé par ses créations du moment. Je découvre, émerveillé, qu'il a la même passion que moi pour les chaussures ! Amusé par les « Oh ! » et les « Ah ! » pleins d'admiration qui ponctuent chacune de mes phrases, Marc Jacobs me propose d'emporter quelques paires ! Hélas, je ne trouverai pas chaussure à mon pied : ma pointure 38 ne correspond pas aux prototypes que le créateur a chez lui.

Nous passons une soirée inoubliable. Au menu : dîner chinois raffiné et, bien sûr, discussions enflammées autour de la mode en regardant MTV. Je ne repars pas avec des chaussures mais avec quelques somptueux pulls en cashmere, offerts par Marc.

Les collections approchent. Tout va bien pour moi. Grâce à Claude, j'ai trouvé un véritable équilibre. Jim me demande à nouveau de l'aider. J'accepte, « en souvenir du bon vieux temps ». De son côté, Marc prépare aussi sa collection pour Vuitton. Tous deux me demandent conseil, et je prends ce nouveau rôle très au sérieux. En l'absence de Marc, qui fait la navette entre les États-Unis et la France, je baby-sitte ses animaux – il a un dalmatien, Tigger, et un chat, Rover – et je veille sur son appartement. Ces moments, légers, et parfois même très drôles, me sortent définitivement de mes années noires. Cette collaboration à trois me réconcilie avec tout. J'entre dans une période faste. La collection de Marc, dans des tons beige et kaki, esprit « carrés » avec beaucoup de surpiqûres, a un énorme succès. Détail émouvant, Marc ne nous oubliera pas dans ses remerciements...

Cette année-là, je fête *Thanksgiving* à l'américaine chez Marc, avec tout l'entourage artistique qui gravite autour de lui, des gens connus ou inconnus, liés par le même dénominateur commun : le talent. Un mois plus tard, pour Noël, c'est moi qui me mets aux fourneaux ! Marc me couvre de cadeaux vestimentaires. C'est à lui que je dois mon look raffiné, avant-gardiste. Dans la presse, il ne tarit pas d'éloges sur mes jambes et mon allure. Tous ces compliments me permettent d'être habillé par les plus grands couturiers (pour eux, je suis devenu un musée ambulant) sauf un – il se reconnaîtra – qui ne veut pas doter les hommes de vêtements destinés aux femmes.

Malgré cela, la mode ne sait pas quoi faire de Vincent Mc Doom ! La mode ne sait pas comment m'utiliser. Et moi, je suis désormais convaincu que ce n'est pas la mode qui me donnera la voix, celle que je cherche depuis l'âge de douze ans...

En plus, même si – soyons franc – j'aime toute cette agitation autour de ma personne, je ne veux pas être un *excess luggage*, je veux aussi exister par moi-même !

Marc, qui est la générosité incarnée, aide Jim, qui commence à mieux s'en sortir. Le jour où

Marc décide de créer une collection pour hommes, il fait appel à nous. J'ai conscience de vivre de belles années, mais Marc est de plus en plus sollicité, Jim de plus en plus occupé, et moi je dois trouver ma propre voie...

– 7 –

SHOW-BIZ : TON UNIVERS IMPITOYABLE...

Je suis devenu un « personnage ». Mais un « personnage » est-il un être humain à part entière, réel ? Cette question me hante mais ne saurait m'empêcher de profiter des opportunités qu'offre cette relative « célébrité » après toutes mes galères parisiennes.

On me propose de faire les *public relations* d'une célèbre boîte de nuit... Outre le fait que je vais, enfin, toucher un salaire plus que décent, l'idée d'organiser des soirées *jet-set* n'est pas pour me déplaire. Je me lance. J'appelle les gens, je discute, je convaincs, et je réussis à faire venir des stars. Me voilà dans le grand monde.

Je ne vais pas tarder à m'apercevoir que ce grand monde-là ne vaut guère mieux que celui de Sainte-Lucie. Les couples se font et se défont, se trompent version « champagne » et plus si affinités.

Le patron de l'établissement rêverait de le voir fréquenté par de grands mannequins. Mais les vrais top models ne viennent pas dans les boîtes ! Ces reines de la mode ne brûlent pas leur « capital beauté » dans ces lieux enfumés. Les mannequins professionnels se couchent tôt pour conserver leur fraîcheur au petit matin lorsqu'elles doivent défiler, courir les castings ou poser pour de célèbres photographes. La clientèle se rabat donc sur des débutantes, mannequins, elles aussi, mais pas encore célèbres. N'est-ce pas une chance, pour elles, de connaître le Tout-Paris, ou celui qui se prétend tel ? Je m'aperçois bientôt que, en fait de chance, ces jeunes femmes tombent tout droit dans les chausse-trappes des illusions perdues. Elles arrivent à ces soirées en pensant que toutes les portes de la mode vont s'ouvrir pour elles. Elles sourient, acceptent des verres, des promesses qui ne survivront pas aux petits matins des rencontres éphémères.

Cette forme de marchandage me dégoûte. Et ces gamines abusées – car, d'une certaine manière, elles le sont – me ramènent à mes indignations et à mes souffrances d'autrefois. Certes je gagne bien ma vie et je ne suis nullement responsable de ce qui se passe dans ces murs. Mais je le vois, en tout cas j'en vois les prémices. Et cela ne me plaît pas.

Pendant ce temps, la presse parle de moi comme de quelqu'un de la « *night* parisienne », sans se douter d'où je viens et ce que j'ai subi, et sans vraiment pouvoir me situer. Je ne suis ni un transsexuel, ni un travesti, ni une drag-queen et encore moins un « pédé commercial » qui traîne dans les *backrooms*. Je fais un boulot, c'est tout. Et après minuit, Cendrillon sans carrosse, je ne perds pas mes souliers mais je perds ma voix, parce que je passe mes journées au téléphone à contacter untel et untel.

Je perds ma voix et ma voie...

*
* *

Dieu va faire en sorte que je puisse échapper à ce lieu. Mon ami Éric Dahan, qui parle souvent de moi dans ses « Nuits Blanches » du quotidien *Libération*, m'invite un soir à la projection du film qu'il a réalisé, un documentaire *underground* sur la musique. J'arrive, en retard, dans la boîte de nuit où il a organisé la projection. Comme je dois enchaîner avec mon job, je suis maquillé, coiffé, habillé tout en noir, très classe. À peine suis-je installé que l'on me prévient qu'une jeune femme souhaite me parler. Il s'agit de Sabrina Azoulay. Je ne sais pas qui est cette personne ni ce qu'elle fait, je la trouve simplement belle et sympathique. Elle me demande de m'asseoir à sa table.

– Je vous ai vu arriver et je trouve que vous dégagez une aura extraordinaire... J'aimerais vous revoir dans un endroit plus tranquille, pour parler. Est-ce que vous accepteriez de passer un casting pour moi ?

Je la regarde, interloqué :

– Un casting ?

Sabrina Azoulay n'est pas au rendez-vous qu'elle m'a fixé, mais elle a donné des instructions pour qu'on s'occupe de moi. Maquilleur, coiffeur, styliste, tout un staff s'agite autour de ma personne. Du jamais vu !

Et l'inconnu, pour moi, quand on me pousse devant un prompteur.

– Silence, on tourne... Moteur !

Mon français n'est pas au point, je n'ai jamais vu ni lu un prompteur de ma vie, qu'importe, je dois me jeter à l'eau. Et l'eau est glaciale ! Première prise ratée, deuxième ratée... Je suis épuisé, énervé. Je ne maîtrise rien. Je commence à pleurer. Je sais... Depuis « La Ferme », mes pleurs sont devenus célèbres ! Je n'y peux rien, ce n'est pas une tactique, chaque fois que je crois tout perdu, *I cry my soul*.

Autour de moi, c'est l'affolement général. Je demande à joindre Sabrina au téléphone. Elle me prie de recommencer, pour elle... Je fais une autre prise. Et je m'en vais, dans un état épouvantable, persuadé de ma médiocrité.

Une heure plus tard, Sabrina Azoulay m'appelle :

– Je viens de voir ton essai et je voulais te dire qui je se suis et pourquoi tu as fait cet essai. Je suis directrice des programmes de Paris-Première et cela fait longtemps que je cherche quelqu'un comme toi. J'aimerais remettre des speakerines à l'antenne. Je connais des beaux garçons et des jolies filles, mais je suis à la recherche de quelqu'un de typiquement parisien, comme toi. Je prends un risque, je ne peux pas te dire que c'est fait, mais j'ai proposé cette idée... Et quoi qu'il en soit, je te l'affirme : tu crèves l'écran, tu es né pour faire de la télévision !

J'écoute tout ça dans une sorte de rêve éveillé, encore sous le choc de ma mauvaise prestation. Celle que je nomme aujourd'hui ma « deuxième étoile » me rappelle à nouveau et me confirme que je suis engagé.

Nous sommes en mai 2000, en plein festival de Cannes, et je fais mes premiers pas à la télévision... Je signe un contrat, avec une semaine de *training* prévue pour le mois de septembre.

Je passe ma dernière nuit dans ma « boîte » si chargée de mauvaises ondes. Je ne sais pas exactement ce qui m'attend, *but I'm leaving*, juste parce que je sais que je dois le faire. Et je pars en vacances à Marseille avec Claude Allègre, ma mère adoptive.

Je reviens début septembre, la peur au ventre, et j'apparais pour la première fois à l'antenne le 10. Je présente les programmes de Paris-Première et je deviens la vitrine de tous les grands couturiers. Je fais mes textes moi-même. Très vite, je vais prendre mes repères et délaisser le prompteur pour laisser libre cours à une improvisation soigneusement préparée... La presse tombe de partout. On ne dit plus « le pédé » ou « le travesti », on dit « le mec de la télé ». Même si Paris-Première est une chaîne câblée et plutôt « intello », je me fais connaître auprès de gens très différents. Je ne suis pas une star, mais j'existe. J'ai une petite voix... Les homosexuels n'ont pas besoin de moi, je n'ai pas envie de militer pour le milieu *gay* où je n'ai jamais été le bienvenu. Je veux utiliser cette voix pour *ma* cause.

– 8 –

QUE JUSTICE SOIT FAITE…

Lorsqu'on me demande, au cours d'une interview, quelle est la chose qui me tient le plus à cœur, je réponds : les enfants… Je veux faire quelque chose pour eux. Cette idée ne m'a jamais quitté. J'envisage de monter une association pour leur venir en aide, et surtout les protéger. À moins que je ne m'intègre à une association déjà existante ? La plus connue dans ce domaine, à l'aube du XXIe siècle, est celle de l'actrice Carole Bouquet. Je lui écris. À plusieurs reprises, je fais part, dans les médias, de mon désir de la rencontrer. *À deux, on est toujours plus forts.* Cette rencontre, pour une raison que j'ignore, n'aura jamais lieu, et cela me laissera un goût amer dans la bouche…

Six mois après mon arrivée sur Paris-Première, Sabrina Azoulay s'en va pour rejoindre l'équipe de Jean-Luc Delarue. Elle me dit de ne pas m'inquiéter, que tout se passera bien, mais moi je me sens comme un orphelin. Sa remplaçante ne sait pas comment m'utiliser. On me confie la météo… Ça se passe bien mais, sans Sabrina, je suis paumé.

Par ailleurs, je constate que je n'arrive pas à monter cette association qui me tient tellement à cœur. J'aurais besoin de quelqu'un pour me guider. Je ne sais pas vers qui me tourner...

Bizarrement, c'est à ce moment précis que j'apprends, par le quotidien *The Star* que je lis toujours, que les viols ne cessent d'augmenter à Sainte-Lucie. Les autorités ne font rien pour trouver les coupables. Plusieurs enfants, âgés de neuf à treize ans, sont morts suite à des sévices sexuels. J'ai mal. Toutes ces agressions me ramènent à ma propre enfance et à ma totale impuissance à résoudre le problème.

Lors d'une émission de radio, Benjamin Castaldi me donne l'opportunité de parler de mon histoire. Après l'émission, une femme m'appelle pour me dire qu'elle vient de m'entendre. Elle semble bouleversée par mon intervention.

– Je m'appelle Danielle Ryan, me dit-elle, et je suis productrice de films. Je viens de vous écouter à la radio et ce que vous avez vécu m'a émue. Mais le plus étonnant, c'est que dans le film que je vais produire, il y a un rôle qui semble avoir été écrit pour vous ! Sans vous connaître, le scénariste a imaginé un personnage qui vous ressemble tellement que c'en est troublant. J'ai aussitôt appelé Paris-Première pour avoir votre numéro de téléphone. J'aimerais vous rencontrer...

Et voilà que je vais faire mes débuts au cinéma ! Dans ce film, *Paris selon Moussa*, réalisé par Cheik Doukouré, j'incarne une diva de cabaret brésilienne, Zanzibar, qui a connu son heure de gloire quelques années auparavant. Ce personnage « entre-deux », ni travesti ni transsexuel, me plaît. C'est un vrai troisième rôle, avec des scènes fortes. Zanzibar va se lier d'amitié avec le héros du film, un jeune Africain, Moussa, fraîchement débarqué dans la capitale. Ils se rencontrent dans le restaurant où Moussa travaille comme plongeur. J'ai beaucoup aimé cette expérience, mais le résultat m'a un peu déçu. Budget réduit au strict minimum, conditions de tournage difficiles, je pense que cette belle histoire méritait mieux...

N'empêche qu'en 2002 moi, Vincent Mc Doom, je vais monter les marches du palais du festival de Cannes pour défendre ce film aux côtés de toute l'équipe. Mon premier tapis rouge ! Dès que j'apprends la nouvelle, une excitation mêlée à un affolement de circonstance – qui n'a pas rêvé, un jour dans sa vie, de gravir les marches du Palais ? – me gagne. Et une question typiquement Mc Doomienne se pose à moi : que vais-je porter pour *le* grand soir ? Je ne m'imagine pas une seconde monter cet escalier dans la tenue de « garçon de café » exigée : costume et nœud papillon. Moi Vincent Mc Doom, je veux une vraie robe de *Barbie doll* ! Et je la trouve chez Maurizio Galante. Je ne fais pas dans la dentelle, mais dans une transparence classe et sexy. Ma robe, en soie arachnéenne, piquée de perles et de rubans, va déclencher une véritable émeute ! Je monte les marches en compagnie de l'équipe de *Paris Selon Moussa*, mais aussi de Faye Dunaway et de Géraldine Chaplin. Sous le crépitement incessant des flashes des photographes, je signe même des autographes, moi le petit Vincent qui n'es qu'au tout début d'une carrière dont je ne sais pas encore trop jusqu'où elle me mènera... Je vis ces deux jours, frivoles et légers, dans un rêve éveillé. Et cela me fait du bien. Ces instants privilégiés ne sont, je le sais, qu'une parenthèse avant le grand plongeon au cœur du vrai combat qui se profile à l'horizon...

*
* *

À mon retour à Paris, une déconvenue m'attend : on m'enlève la météo sur Paris-Première. On me propose un projet d'émission intéressant, mais je suis court-circuité par une femme importante dans le milieu de la mode. Je suis obligé de m'incliner... Je me sens déçu mais, en même temps, j'ai décidé de me consacrer entièrement à mon projet d'association. J'ai un peu d'argent de côté, je peux me permettre de prendre du recul.

Toujours en lisant *The Star*, je découvre avec stupeur que ce cher *Uncle Matthew* est monté en grade. Il vient d'être nommé président du Sénat. J'épluche toutes les colonnes des journaux de Sainte-Lucie pour essayer de trouver des informations concernant d'autres viols. Je tombe en arrêt sur quelques lignes relatant la mort atroce d'une petite fille, Verlinda Joseph, après quatre viols successifs signalés... Quelques années plus tard, on découvrira que c'est son père qui est le coupable, ce même père qui est aujourd'hui en couverture du magazine et qui réclame une punition exemplaire pour le responsable de la mort de sa fille ! Je suis littéralement sous le choc, anéanti.

Un jour, le rédacteur en chef du *Star* m'appelle. Sans que je sache comment, il a eu vent de mon histoire. Je discute avec lui. Et, peu à peu, des informations sont distillées dans le célèbre quotidien. Aucun nom n'est cité, mais je me reconnais dans cette rumeur qui court : un Saint-Lucien, demeurant en France, aurait été violé par un homme politique et s'apprêterait à faire exploser le scandale. L'avocat de Matthew décroche son téléphone et appelle *The Star*. Il lui demande de me contacter immédiatement pour que j'étouffe l'affaire. Je refuse. J'ai acquis une voix, je veux l'utiliser.

*
* *

Le 22 août 2002, ma copine Lyn m'apprend la mort de Vicky. Elle s'est tuée dans un accident de voiture. Tétanisé par la douleur je téléphone à Tracy, la fille de Vicky, et je lui dis que je vais venir à Sainte-Lucie pour les funérailles. Je n'ai pas pu être présent à l'enterrement de ma grand-mère, je serai là pour celui de mon amie.

*
* *

Mon frère Donovan est venu me chercher, hier, à l'aéroport. L'enterrement a lieu aujourd'hui.

J'arrive à l'église au bras de Lyn. Je porte un long trench noir, des lunettes de soleil. Je m'approche du cercueil ouvert. Tous les visages se tournent vers moi. Personne ne me reconnaît. À la sortie de l'église, une de mes cousines, Valérie Albert, qui travaille pour une radio locale, vient me voir.

– Vincent ! C'est toi ? J'ai appris tout ce que tu fais à Paris. Tu sais, on parle beaucoup de toi... Est-ce que tu serais d'accord pour m'accorder une interview ?

Un peu surpris, je lui réponds :

– Oui, pourquoi pas ?

Je reprends contact avec le reste de ma famille, sauf ma tante Kate, qui s'est de nouveau retournée contre moi... Elle a peur. Elle veut protéger sa nouvelle position sociale. Et craint le scandale comme la peste. À Sainte-Lucie, les choses vont mal. Très mal. La rumeur enfle. Tout le monde suspecte tout le monde. La terreur règne. Il y a des problèmes de drogue, de bavures policières. On ne trouve pas assez de familles d'accueil pour les enfants violés. Ils sont alors mis en prison. Matthew tire les ficelles. Il utilise sa position pour se protéger et acheter tous ceux qui pourraient nuire à sa réputation.

Le lendemain des funérailles, je reçois un coup de téléphone de ma cousine. Elle a supprimé un invité pour me permettre de venir parler à son *talk-show*. Un journaliste me reçoit et me dit que je vais pouvoir m'exprimer à ma guise sur l'antenne. Ce que j'ignore, c'est que ce garçon est un fervent supporter du gouvernement. Le *talk-show* est en *live* à la fois à la radio et à la télévision ! C'est une heure de grande écoute. L'interview commence. Des auditeurs peuvent appeler en direct. Je parle de ma vie à Paris, de la mode, et bien sûr de mon projet d'association pour les enfants abusés. Un auditeur me demande pourquoi je ne reviens pas plus souvent sur l'île. J'explique qu'il se passe ici des choses qui m'empêchent de me sentir à mon aise.

– Ah bon ? Et quoi donc ? coupe le journaliste d'une voix étonnée.

– J'ai été abusé sexuellement par le président du Sénat de Sainte-Lucie.

Silence radio. Le journaliste coupe net l'entretien. Fou de rage, il se lève brusquement et me lance d'une voix haineuse :

– Espèce de petit con, à cause de vous, je vais avoir la tête coupée !

Je comprends alors qu'il est terrifié, comme tous les autres Saint-Luciens, à l'idée d'avoir fait quelque chose de « mal » contre le gouvernement en place. Il décide de reprendre l'émission, à condition que je ne parle plus de rien.

Une fois l'interview terminée, le standard explose ! À la télévision, dans les journaux, on ne parle que de mon intervention.

Le lendemain, je fais la une du *Star* : « Vincent Mc Doom a lâché la bombe ! » J'enchaîne les *talk-shows live*. Et je finis par prononcer le nom de Matthew, déjà clairement évoqué lors du premier entretien. Tout le monde à présent attend les explications du président du Sénat...

J'essaie de joindre ma tante Kate, elle me raccroche au nez. Les autres membres de ma famille, à part mon frère Donovan et ma mère, ne veulent plus me parler. Peu m'importe. J'ai rompu le silence. Je n'ai pas de désir de vengeance vis-à-vis de mon oncle, je veux ouvrir le débat. Le droit fondamental et civique des enfants à Sainte-Lucie n'est pas protégé. Un enfant ne sait même pas qu'il est violé, la plupart du temps. Il subit en toute répugnance cet acte barbare dont il pense parfois que c'est une coutume d'adulte. Et de toute façon, à Sainte-Lucie, le viol anal n'existe pas, seul le viol vaginal est « pris en considération »...

J'essaie d'entrer en contact avec le ministre de l'Éducation, Mario Michel, puis avec le ministre de la Justice. De tous côtés, je suis *persona non grata*...

Dix jours plus tard, je quitte Sainte-Lucie en pleine tempête médiatique. Je suis fermement décidé à poursuivre mon action. Je vais voir l'ambassade de France à Paris et je suis écouté, enfin. Mais rien n'est possible sans l'accord du gouvernement de l'île. Je décide néanmoins de commencer, de poser la première pierre. Je baptise mon association *The Blue Angel Foundation.* Ange, parce que les enfants sont des anges ; bleu, à cause de la petite maison de Canaries où j'ai vécu ma prime enfance et que je croyais habitée de chérubins. Je sais ce qui m'attend : des portes fermées, des mensonges, des refus, des prétextes fallacieux... Mais j'irai jusqu'au bout. Je veux la démission de

Matthew et je l'obtiendrai. Je ne veux pas qu'on « sensationnalise » le viol des enfants pour ensuite ne rien faire. Je veux agir.

Je retourne à Sainte-Lucie. On me claque la porte au nez. Je n'arrive à voir personne. Le gouvernement me condamne, l'Église me condamne, une partie de ma famille me condamne. Je continue à bombarder la presse d'informations. Timidement, le gouvernement parle, mais c'est pour dire que je suis un menteur...

Un jour, j'apprends que Matthew traîne en justice le *Star*. Mais dans le même temps, un jeune garçon avoue sur une radio qu'il a été, lui aussi, violé par Matthew Roberts...

Le 17 avril 2003, Matthew donne sa démission au Premier ministre, Kenny Anthony. En novembre, le gouvernement, ébranlé par le scandale, décide de lancer l'Année de l'enfant. Je ne suis pas invité à la cérémonie ! Je me rends tout de même à Sainte-Lucie. J'appelle tout le monde, ministres, secrétaires : je menace de faire un scandale, via les médias, si je n'ai pas mon invitation dans l'heure qui suit. Et non seulement je l'obtiens, mais j'ai aussi un rendez-vous avec Kenny Anthony, le Premier ministre.

Je vais le voir, et je lui raconte mon histoire. Je lui explique que je ne suis pas là pour une vengeance personnelle mais pour faire bouger les choses. Je veux un bout de terrain et de l'argent pour mettre en place une structure. Bouleversé par ma requête, Kenny Anthony me donnera un terrain, deux lignes « vertes », et il m'assurera de son soutien total. Entre-temps, j'aurai été nommé « Personnalité de l'année 2002 »...

– 9 –

DEMAIN EST UN AUTRE JOUR

De retour à Paris, je poursuis mon petit bonhomme de chemin, le cœur empli d'espoir. J'ai fait la paix avec mes *yesterdays* et me voilà prêt à démarrer une autre vie, ma vraie vie, celle que je vais mettre au service des enfants. J'ai réussi à faire bouger les choses et ce n'est qu'un début... Je suis en pourparlers avec le gouvernement, j'ai des projets plein la tête. La démission de Matthew m'a ôté ce poids lourd que je trimballais depuis des années. Je me sens à nouveau libre, libre d'aimer, libre de décider de mes *tomorrows*, libre pour le meilleur et non plus pour le pire.

Avant de partir pour Sainte-Lucie, je regardais une émission de télé-réalité intitulée « La Nouvelle Star ». Je suivais avec ferveur ce programme qui souhaitait donner sa chance à de jeunes talents. Un jour, entre deux rendez-vous, je passe dire bonjour à une copine qui dirige la boutique Céline. Je lui parle avec enthousiasme de cette émission. Ma copine m'écoute et me dit avec un petit sourire amusé, en me désignant une jeune femme au fond de la boutique :

– Tu vois cette jolie blonde, là-bas ? C'est la femme du producteur de ton émission préférée. Nous travaillions ensemble mais c'est son dernier jour, elle va partir bosser avec son mari. Tu devrais peut-être aller lui parler...

C'est ainsi que Nathalie est entrée dans ma vie. Elle me propose de venir assister à l'émission, mais en coulisses, pas dans le public... Je fais connaissance avec Christian, son mari. Et nous devenons tous les trois inséparables. Je parle « mode » des heures entières avec Nathalie. Nous aimons les mêmes choses, nous avons la même sensibilité. Christian, lui, est fasciné par ma personnalité. Un jour, il me dit :

– J'aimerais travailler avec toi, mais je n'ai rien de précis à te proposer...

Il m'offre néanmoins de devenir mon manager. Je signe sans hésitation un contrat avec lui. Quelques jours plus tard, le téléphone sonne. C'est la société Endemol qui me propose « La Ferme Célébrités ». Ma première réaction est de refuser. La télé-réalité, ce n'est pas pour Vincent Mc Doom ! Christian, comme d'habitude, tempère mes humeurs. Il pense que cette émission est différente des autres. Il est certain de son succès auprès du public. Et puis, et surtout, devrais-je écrire, si je participe, j'aurai la possibilité de défendre une association, mon association.

Défendre *The Blue Angel Foundation* ? Avoir la possibilité de gagner de l'argent et de m'en servir pour ce combat qui me tient éveillé, tourmenté, révolté, depuis tant et tant d'années ? Le gouvernement de Sainte-Lucie m'a donné une terre, pourrai-je un jour me regarder en face si je la laisse en friche ? Jadis, mon père semait des maisons un peu partout dans l'île, comme il semait des graines chaque fois qu'une jolie fille croisait son chemin. Ces maisons, il ne les finissait jamais. Il nous demandait, à nous, ses enfants, « son équipe de foot », de porter des jerricans d'eau et des sacs de sable jusqu'à ce que nous tombions à genoux d'épuisement... Aujourd'hui, mon frère Donovan, ce jeune frère dont je suis si fier, est entré à son tour en amour avec les pierres, les croquis, les plans, les ébauches. Mais lui, à l'inverse de Justin Elcock toujours en quête de ce que l'écrivain Thomas Mann appelle « l'impossible lieu de l'indicible désir », lui va jusqu'au bout. Il est devenu architecte. Il m'aidera à aller, moi aussi, « jusqu'au bout ».

Le gouvernement m'a donné des lignes de téléphone pour parler, pour me faire entendre, pour écouter les autres et les aider. Cette voix que je réclamais haut et fort est là pour m'ouvrir la voie de cette spiritualité sans laquelle nous ne sommes que des moitiés d'êtres humains... Cette voix est là pour mes *little angels*, ces enfants dont on piétine l'innocence sans songer un instant à leur devenir. Qu'importe si demain ils grandissent dans la peur et la douleur, pliant sous le poids du secret honteux, qu'importe s'ils n'apprennent jamais la signification et la valeur du mot « liberté », liberté de dire *NON* !

Parfois gaie, souvent dure, parce que pleine d'incompréhensions ou d'intolérance les uns vis-à-vis des autres, l'expérience de « La Ferme Célébrités » a totalement bouleversé mes repères, et ce que je m'imaginais être mes limites...

J'avais appris à me battre, à me défendre, à garder la tête haute sous les insultes, les coups et les agressions verbales, mais je ne savais pas qu'une autre façon de vivre existait. Et ce cadeau inestimable, c'est le public qui me l'a offert en me soutenant pendant toutes ces semaines. Des millions de téléspectateurs m'ont accepté tel que j'étais, moi Vincent, drôle de petit personnage qui passe du rire aux larmes sans toujours savoir pourquoi, drôle « d'entre-deux », foulant la terre de ses talons aiguilles avec une seule envie : celle d'être aimé comme il est, tel qu'il est. Tous ces gens, avec leurs messages d'amour, leurs votes inconditionnels, leur bienveillance et leur générosité, ont donné un nouveau sens à ma vie. En me confiant la lourde responsabilité d'assumer les *tomorrows* de mes *blue angels*, ils m'ont réconcilié avec mes *yesterdays*. Je ne les décevrai pas. Je leur en fais la promesse. Et si mon cœur balance entre mes mille et un projets que je vais pouvoir concrétiser grâce à cette nouvelle popularité, mon âme reste bien accrochée, là-haut, dans cette toute première petite maison bleue faite de bois et de briques où s'est tissée mon histoire ; là-haut, sur la colline où j'ai grandi, entre ombre et lumière, avant de devenir l'homme que je suis.

TABLE DES MATIÈRES

Troisième partie

JE PARS...

Quatrième partie

SUR MA VOIE...

Direction littéraire
Huguette Maure
assistée de
Maggy Noël

HORS-TEXTE PHOTOGRAPHIQUE

Crédits

- Collection privée de l'auteur : pp. 2, 4, 8 (haut).
- Sipa Press :
  - Leroux-TV : pp. 5, 6 (droite), 8 (bas), 9 (haut gauche et droit).
  - Benaroch : p. 6 (centre).
  - Lorenvu-TV : p. 9 (haut centre).
  - Durand/Nebinger : p. 9 (bas gauche).
  - Nivière/Aslan/Villard : p. 12.
- Christophe Bourguedieu : p. 3 (fond).
- Grégoire Korganow : p. 9 (centre).
- Brams : p. 10 (haut).
- Images de Paris : p. 5.
- D. R. : pp. 1, 3 (bas), 6 (haut et bas), 7, 9 (bas droit), 10 (bas).
- La toile de la page 11 est une œuvre de Christine Gurtner.
- Le montage de la page 8 (bas) est réalisé à partir d'un dessin de Laurent Heim :

« Un escarpin pointu,
comme l'affirmation duale d'un Je aux allures de jeu...
Noir et fuchsia,
comme la féminité intérieure, progressivement rendue visible...
Un talon-miroir et une broche en V :
Vincent – Victoire ! – peut enfin briller de son plus bel éclat... »

Conception
Édouard Boulon-Cluzel

Réalisation
Mathieu Thauvin/VANDEPUB

... et un grand merci à Monique Fuente et Donovan Elcock.

www.vincentmcdoom.com

Composition PCA
44400 – Rezé

Impression réalisée sur CAMERON par

BRODARD & TAUPIN
GROUPE CPI

La Flèche

pour le compte des Éditions Michel Lafon
en décembre 2004

Imprimé en France
Dépôt légal : décembre 2004
N° d'impression : 27251
ISBN : 2-7499-0209-6
LAF : 632